石达开回师廣西

王熙远 著

经济日报
出版社

图书在版编目（CIP）数据

石达开回师广西 / 王熙远著. -- 北京：经济日报
出版社, 2021.4
ISBN 978-7-5196-0874-3

Ⅰ. ①石… Ⅱ. ①王… Ⅲ. ①太平天国革命-战役-
研究 Ⅳ. ①K254.907

中国版本图书馆 CIP 数据核字（2021）第 069978 号

石达开回师广西

作　者	王熙远
责任编辑	王　含
责任校对	蒋　佳
出版发行	经济日报出版社
地　址	北京市西城区白纸坊东街 2 号（邮政编码：100054）
电　话	010-63567684（总编室）
	010-63584556　63567691（财经编辑部）
	010-63567687（企业与企业家史编辑部）
	010-63567683（经济与管理学术编辑部）
	010-63538621　63567692（发行部）
网　址	www.edpbook.com.cn
E-mail	edpbook@126.com
经　销	全国新华书店
印　刷	成都兴怡包装装潢有限公司
开　本	880mm×1230mm　1/32
印　张	6.50
字　数	190 千字
版　次	2021 年 4 月第一版
印　次	2021 年 4 月第一次印刷
书　号	ISBN 978-7-5196-0874-3
定　价	48.00 元

前　言

对石达开回师广西感兴趣，始于 20 世纪 80 年代初，那时我还在广西田林中学做老师。1985 年，我携论文《太平天国宰制曾广侬定安屠城原因初探》参加广西太平天国研究会在宜山召开的年会，论文得到与会学者认同，后来发表在《广西民族研究》与《学术论坛》，激发了我对石达开队伍的了解。不久，又在北京《近代史研究资料》同期发表两篇论文，其中一篇是《太平军石镇吉山心屠圩原因初探》。再后来，在长春出版社出版我人生的第一部史学研究专著《桂史拾遗》。这是我把在全国学术杂志上发表的论文集中起来出版的一个以历史为主的文本。

也许生活总是与缘分打交道。由于社会工作的需要，退休后我又有缘接触石达开的史料，我比较佩服这个从社会底层成长起来的军事家、武术家。

我特别对他的悲情一生感动，所以萌生为他写一本《石达开回师广西》的书，表达对心中悲情英雄的敬慕。

本书叙述的是石达开回师广西的原因，回师广西以后南路、东路、西路三支队伍的状况，最后离开广西的去向，重点讲述南路军和西路军，因为东路军首领陶金汤很快被张高友杀害，其部队也基本消亡，在广西影响不大。本书最大特点是大胆采用了社会历史调查史料，如王熙远的田野考察史料：碑刻和当地居民口述史，还大量采用了被史学大加肯定了的饶任坤、陈仁华主编的《太平天国在广西调查资料全篇》，此书得到罗尔纲先生高度评价，他在序言中说：

"新中国成立后，党和政府重视太平天国的研究。五十年代初，广西就组织太平天国文史调查团深入桂平、贵县等地进行调查，出版了《太平天国起义调查报告》。六十年代初，广西通志馆太平天国研究组全体人员再次深入桂平、贵县调查，并进一步扩展到平南、藤县、武宣、象州、蒙山、昭平、玉林、陆川、博白、桂林、全州、武鸣、邕宁、百色、宾阳、上林、宜山及广东高州、信宜、化州等二十多个县市，几乎沿着当年拜上帝会和太平军的足迹走访了一千余人，本着有闻必录的原则，基本上忠实地记录了五六十万字的原始材料，一九六二年整理汇编出版《太平天国革命在广西调查资料汇编》。七十年代初，广西师范学院（现在的广西师范大学）、广西民族学院（现在的广西民族大学）师生又深入重点地区进行调查采访，收集了不少资料，补充了《汇编》的不足，打印成册，内部赠阅。近几年来，桂平、贵县、蒙山、宜山等县志办公室、县政协文史组也不断组织人员在本县范围内进行调查，又发现了一些新的有价值的资料。他们在调查采访中，所调查的对象，相当大一部分是七十岁以上的老人，太平天国失败后二三十年出生的。他们小时候就听了亲见太平天国起义的父辈或祖父辈的讲述；还有一部分则是参加过太平天国革命或与太平天国为敌的后裔。他们提供的材料，具体细节难免有误，但基本事实都是较为可信的。广西对太平天国史调查的成绩，给太平天国史研究以巨大贡献，在全国是首屈一指的。

在这些资料中，有的曾公开出版，有的则曾打印或在内部刊物刊登，年代久远，已不易找到，且有十余万字有关石达开回桂和太平天国时期广西农民起义调查资料则未公布过。（王熙远按：此处划重点，本书主要采用的就是这一部分）至于对这些资料应如何以马列主义为指导，对照文献资料进行研究，去粗取精，去伪存真，把确实较为可信，并有一定参考价值的材料编纂在一起，则尚有待进行。这个大工作，现在由饶任坤、陈仁华两位同志担负起来了。他们两位都是当年广西通志馆调查太平天国史和编纂《太平天国革命在广西调查资料汇编》的重要同志。今天驾轻就熟，从近半个世纪以来各方人士在广西调查所得近百万字材料中，编纂成了这部煌煌巨册《太平天国在广西调查资料全编》。他们在编纂过程中，原则上按较大的问题分类整理编排，不作过细的分割。每个问题的材料都加了注。注解有的是对一些地名、地方俗语、难懂的方言进行解释，有的则引用文献资料相印证，有的对某一事件发生的时间、地点、人物及具体史实作简明扼要的介绍，给读者提供方便，并以此证实调查资料的真实和文献资料记载的可信。还附有地图、照片和太平天国在广西史事纪要，以备检查。"

这是罗尔纲于 1987 年 5 月 30 日写于北京的对《太平天国在广西调查资料全编》的评价。

此外，本书的写成，还重点参考了我师弟李光正副教授的《没落天国的一曲悲歌——石达开回师广西之役评述》，这是我唯一能找到的专门写石达开回师广西的著作。他为我写此书打开了思路，同时也向这位已逝的为广西的史学大厦增砖添瓦的师弟表示敬意。

王熙远

2021 年 4 月于邕城

目 录 Contents

第一章

回师广西的原因

第一节　重夺江西根据地不果

石达开与洪秀全因为杨韦残杀事件闹翻后，离京孤军远征，他放不下太平天国的事业和使命，想回到经略过的江西根据地，呼应太平天国首都天京的防卫。

回想起 1855 年冬至 1856 年春，自己曾率西征军开辟江西根据地，往事历历在目。那是他付出许多心血的根据地呀！

1855 年初，九江、湖口战役之后，曾国藩除以塔齐布、周风山等部继续围攻九江外，先后从九江调按察使胡林翼、道员罗泽南率军返回湖北，争夺武昌，企图先夺回武汉，再上下夹击，攻取九江。当时，负责太平军西征战事并自率军增援武昌的石达开，在武昌外围与敌周旋后，决定率部攻入江西腹地，吸引湘军罗泽南部回援，以减轻武昌外围敌军压力，扭转西征战局。11 月下旬，他甩开武昌以南与之相斗的罗泽南军，率所部主力自鄂南的通城间道入赣。24 日，在江西义宁州（今修水）之马坳、直津首战告捷，大败江西守军，阵斩总兵刘开泰。12月上旬，他率部进占新昌（今宜丰）、上高二县，并在此成功地收编了周培春等部天地会义军。短期休整后，中旬，他分兵三路，分别自新昌、上高同时向瑞州（今高安）、临江（今樟树市临江镇）二府和新喻（今新余）进军。北路，由检点赖裕新率领，12月18日，自新昌经棠浦镇攻瑞州，激战一昼夜，次日攻克瑞州府，阵斩知县刘希洛、李锟。

1856年1月5日，北路军攻占奉新。接着，北路军与自鄂南入江西的太平军叶至华部相互配合，乘曾国藩调围困九江的水陆兵勇急救南昌之机，先后进占德安、靖安、安义、武宁、瑞昌、建昌（今永修县境）六县和南康府（今星子），并于4月攻克义宁州。中路，石达开亲自率领，以春官丞相张遂谋为前锋，于1855年12月18日，自上高界埠、阴冈岭进占临江府，21日占领樟树镇。石达开进驻临江府。

1856年1月初，中路军进占新淦，与攻占峡江的南路军一部会合；时天地会王义潮等部已先于12月23日攻占泰和，与沿赣江而上的太平军相呼应，进逼吉安。于是，中路太平军再兵分二：一由张遂谋率领，自新淦直指吉安，1月8日攻占吉水，会合天地会义军进围吉安。清江西按察使周玉衡和知府陈宗元率勇死守，知县周汝筠率南康勇攻打泰和，前来增援。2月底，石达开亲自指挥攻打吉安，3月1日攻克府城，毙周玉衡、陈宗元等。接着太平军向吉安府属之永新、安福、永宁（今宁冈）、莲花等县地派设监军，4月又分别攻占万安、龙泉（遂川）。另一支由检点黄添用等率领，自峡江境向东，进军抚（抚州）建（建昌府，今南城）二府。太平军先后占永丰、乐安，经崇仁进围抚州，3 月 28 日，攻克抚州，随即攻占崇仁，设监军于金溪。接着，太平军进逼建昌，4 月 4 日克建昌，随后进占宜黄、新城（今黎川）、南丰。在太平军进军吉安和抚、建三府期间，因曾国藩增援，中路军后路兵力单薄，新淦、樟树失守。2 月 9 日，中路军复占新淦。石达开攻克吉安后率兵回击樟树。3 月 24 日，大败周凤山军，夺回樟树镇。

南路，先由胡其相率领，后改由护天豫胡以晄、翼贵丈黄玉崑率领，将军杨如松率一部自万载方向策应。1855 年 12 月 18 日，南路军自上高南下，经新喻水北进占新喻，接着攻占峡江、万载。此后，中路军进军吉安、抚州、建昌，南路主力则由南转西进逼袁州府（今宜春）。1856 年 1 月，南路军先后攻占分宜、萍乡二县和袁州府。

正当江西战事顺利进展之时，石达开奉命回援天京。3 月下旬，石达开留黄玉崑主持江西军务，自率大军二三万从樟树东进北行，连克丰城、进贤、东乡，4 月初占安仁（今为余江县安仁镇）、余干、万年（旧治，现改为镇），然后分军三路，经乐平、德兴、浮梁境进入皖南。

自石达开率部进军江西腹地到次年 4 月，前后仅 5 个月时间，太平军连克江西 7 府 47 县。连带原占有的九江、湖口、彭泽三府县，太平军在江西实际占有并设守的府县约 8 府 42 县。时江西设 13 府 79 县，太平军已占其大半；此外，都昌一带则为太平军出没之区，清军实际不守；安仁、万年、余干、德兴、浮梁等县，清军无兵调守。当其时，全省各地人民纷纷起义，响应太平军，清军在江西的防御实已打得七零八落，残军只得龟缩于南昌、饶州、广信、赣州、南安五府城内。曾国藩困于南昌，哀叹"长江之大局莫顾，东北之藩篱遽弛，前功尽弃，回首伤心"。为挽救败局，他被迫调九江、鄱阳湖水陆兵勇全数进卫省城，多次函催攻打武昌的罗泽南迅速率军回援"岌岌将殒之江西"，一再请求清廷命邻省发兵增援江西。武昌及湖南方面被迫迅速分兵赴援。入夏，太平军继续攻打饶州、广信、赣州、南昌四府，并于7月6日攻占饶州府，足迹几及全省，牵动湘、鄂、粤、闽、浙数省清军援兵。

在江西广大占领区，太平军继续推行它在安徽等省行之有效的各项政策。一是大力推行乡官制度，委派或任命地方士绅和响应起义的领导人充任各级乡官，建立各级地方政权；二是刊布10条军队纪律和军民关系章程，严明太平军军纪，禁屠耕牛，肃盗清匪，保障乡民生命财产；三是在经济上宣布照旧交粮纳税政策，对革命后出现的无主荒地则"听民耕种"，同时，又贯彻"富者出资，贫者效力"政策，打击"巨富"。禁断清政府浮收勒折，尽量"轻取"乡民赋额，甚至"减税至半额"。通过上述政策措施，太平军很快稳定了社会秩序，安定了民心，恢复了生产。人民一时"从之如归"。他们对太平军"乐于相向"，"多迎导纳贡"，使太平军获得大量人力、物力，特别是粮饷的支持。江西占领区便迅速成为太平军当时最大和最巩固的根据地之一。

这样，石达开进军江西腹地，既解了九江之围，缓和了清军对武昌的攻势，又使自身得到了极大的发展，迅速开辟了巩固的江西根据地。这不仅基本扭转了当时西征战场的被动局面，而且以这块新根据地有力地支持了太平天国后期的斗争，因而在太平天国革命斗争史中占有重要的地位。

但在天京事件后的石达开看来，这一切都成为过去。

时过境迁，他对回师江西还抱有一丝希望，这个计划如果顺利，那么他与天京的紧张关系或许稍有缓和，不负太平天国的安危重托。

天京变乱平息以后，洪秀全召石达开回朝"提理政务"，众人欢悦。但洪秀全信人不专，重用安王洪仁发、福王洪仁达，以挟制石达开。洪氏兄弟和石达开的矛盾越来越尖锐。石达开认为洪氏兄弟对他"疑多将图害"。清将李续宾从情报中也得知洪氏兄弟对石达开有"阴图戕害之意"。石达开负气，决定脱离天京政权。他于1867年6月2日率部由苏、皖交界的铜井渡江开往安庆，并以"真天命太平天国圣神电通军主将翼王石"的名义发了一份哀婉动人的布告，陈说率部出征是因为天王对他"重重生疑忌"，表示出走之后"依然守本分，照旧建奇功"。待到消灭清军后回京"各邀天恩荣"，表明他对太平天国事业仍旧忠心不二。

石达开出走带走太平军数万，使太平天国陷入"朝中无将，国中无人"的局面。天京政权处在危急之中，洪秀全派人对石达开多次挽留，未能得到石达开的谅解。甚至以革去安、福二王的爵位为条件，派人携义王金牌一道，以及天京君臣联名，要求石达开回朝共挽危局，石达开仍然不肯回京。

石达开在安庆住了4个月，军事去向举棋不定。最后从元宰张遂谋之策，于1857年10月间离开安庆进入江西腹地。洪秀全争取石达开无望，便选拔蒙得恩、陈玉成、李秀成等出来助国，重建领导核心。洪秀全处理石达开出走一事是顾全大局的，他把石达开出走说成是"远征"，为争取石达开所部重归天京政权，留有充分余地。而且，天王诏旨总要加"达胞"二字，一切文书都保持石达开原衔。石达开离开安庆后也照样尊天王，沿用天朝国号。但在官制上却有所改动，除原有六部尚书、天燕、天豫、天侯等爵外，又增加了天喜、元宰、天台、地台等等新的称号。

1857 年 10 月 5 日，石达开率领招集来的 20 万精兵，离开安庆，从皖南进入江西。他先在景德镇集合部队，然后分路南进。石达开入江西，并不想在江西久留，他的目的一方面是招集在江西的旧部，另一方面是先进入江西，好为将来退回粤西或进入福建做好准备。但江西的形势却比石达开预料的要糟糕，九江的情况已很危急，而江西腹地的情况也很不好。曾国藩虽然于 1857 年春因父亲死去而回乡居丧，但他却纠集和指使更多的地方分子组织反革命部队，从湖南进犯江西。这时，湖南本地的起义力量已被残酷地"肃清"，敌人解除了后顾之忧，源源不断地从湖南输出人力物力，使进犯江西的湘军成了一支十分凶狠的反革命力量。他们在攻陷袁州后，又包围了临江、吉安，并在 1857 年 9 月初攻陷了瑞州。这种严峻的形势，使石达开在江西的军事行动遇到了重重困难。

11 月间，石达开自景德镇经贵溪、东乡、安仁等地进入太平军在江西的大本营抚州（今临川）。当时临江、吉安已被清军围困了很久，形势十分危急。临江守将聂才坚、张发纪向石达开求救。石达开到抚州后立即致书临江守将，答应来救。

12 月初，石达开亲率大军从抚州出发，向西挺进，援救临江、吉安。但石达开在渡赣江时遇到了麻烦。他连番从赣江沿岸的丰城、新淦及峡江地界等处渡江，都未获成功。于是，石达开又率军迅速南进到吉水县以北的三曲滩，准备从这里徒涉过江，直趋赣西临江、吉安、瑞州、袁州 4 府的必争之地阜田。但是敌人却早已在这里布下重兵，予以堵截。石达开亲自督阵，和清军进行了 17 天的血战，组织了几十次冲锋。尽管石达开付出了沉重的代价，但还是未能渡过赣江。石达开多次渡江不成，而临江城里的情况却越来越危急了。

临江已被敌人围攻了很长时间。近几个月来，湘军在城外西北南三面挖掘长壕围困，城东滨江之地又有清军水陆包围。城内粮食将尽，战士每天只能吃 2 两米，用草根糠屑搀和充饥。在这种困难情况下，12 月初，守城主将程瀛意志动摇，决定开城投降。另外两位主将聂才坚、张发纪发现后，当即将程瀛处斩，同时再次向石达开告急求援。但石达开依然无法渡过赣江。1858 年 1 月中旬，临江城中粮尽，连战马也吃完了，终于在 1 月 22 日被湘军刘长佑、萧启江、刘坤一所部攻陷。

临江失守，太平军在赣西仅剩下吉安一座孤城，且被敌人重重围困。石达开知道赣西大势已去，从这里经湖南退入粤西的计划自然无法实现。于是他于 1 月底退回抚州，着手部署另一个方案——图浙入闽。

第二节　受阻浙闽，南安定略走西蜀

1858 年 2 月 26 日，石达开留下一部分军队留守已经占领的抚州，亲率大军从贵溪、鹰潭向江西北部挺进。3 月 10 日占领弋阳，3 月 15 日克铅山。杨辅清所部的太平军也于此时到达铅山。在这里，石达开继续向北进军，杨铺清则率军入闽。3 月 19 日，石达开进围广丰县城，攻打 20 天不能下，于是撤围进入浙江。4 月 15 日，石达开进占浙江江山。在这里兵分两路，石达开亲率一路将浙江西南部的门户衢州包围住；另一路由其族弟石镇吉率领，攻占浙江西南部的开化、遂昌、处州（今丽水）、永康等地。由于清军死守，石达开围攻衢州一个多月，却未能将城池攻下来。但石镇吉率领的一路却颇有进展，相继占领了开化、遂昌、松阳、处州、缙云、永康、武义、云和等许多地方。他们在处州建立地方政权，设处州郡总制，"入城多张伪示，令民纳款"，"伪示安民，勒令缴钱给领门牌"，"立师、旅、卒、两、伍名目，勒殷富并有时望者充之"。这些措施说明，石达开在进入浙江之初，曾有意在这里开辟一个新占区，为长治久安之计。但是，石达开却并没有将这一计划贯彻到底。他在军事上未获得大的进展时，思想上产生了犹豫。衢州攻不下，清廷又迅速从江南、皖南、江西、福建等地派出了几万援军，一面分兵增援衢州，一面反扑处州，且起用在家居丧的曾国藩入浙办理军务。石达开见浙江一时难下，便决定放弃浙江，进入福建。7月中旬，石达开命令石镇吉所部退入浙、闽交界处的龙泉。石达开所部也于7月14日撤离衢州，分两路入闽。

石达开从浙江撤出后，于8月中旬进入福建的浦城、政和等地。这时，原来进入福建的由杨辅清所率领的太平军，则重新打回江西。石达开在浦城稍事休整后，即弃浦城南进，逐步深入福建腹地。8月30日，石达开击败清福建总兵林向荣，攻占建阳。之后，分军两路，一路自东南进取延平（今南平），一路西取邵武。但这时，曾国藩也在加紧调兵遣将，准备由分水关进入崇安，并派原在浙江的周天受、周天培所部清军尾随石达开，于9月14日进入建阳。石达开在福建依然无久留之意，一不愿和清军打硬仗，二不愿在此建立稳固的根据地，而是取一城即弃一城。就这样，石达开在福建转战了三四个月，却没有能获得较大的收获。并且福建山多地少，人口不多，土地又贫瘠，粮食很缺乏，再加遇上疾疫，所以士卒士气低落，如果长期在福建转悠下去，将会不战而自败。石达开不得已，只得重新考虑进兵方向。最后，他选择了仍然进兵江西的计划。9月16日，石达开放弃邵武府城，兵分两路，一路由石镇吉、余子安统领直趋赣东，另一路由他本人亲自率领，连克泰宁、建宁、宁化，于10月17日克汀州府城。

1858年10月18日，石达开率部从汀州出发，挥师进入江西，不久占领瑞金。随即在赣南转战，并于年底攻占了江西南部与广东、湖南相邻的南安（今江西大余）府城。他将指挥部设在池江镇。据郭廷以著商务印书馆民国三十六年版的《太平天国史事日志》记载，1859年1月3日石达开占领江西南安府。翼王石达开占领江西南安府（老城），清知府叶球、知县黄荣庚死之。据云，所部分5支，一为翼府宰制陈亨荣，检点傅忠信，军略先锋何名标（文标）；一为尚书周竹歧（竹坡），李遇隆（遇际）；一为军略宰制赖裕新，黄玉发；一为承宣刘逸才，元宰张遂谋，约共七八万人。筑城于新城墟，开壕列栅，设望楼百余座。各首要屯住池江。按童容海（大锣）时为达开部主力，攻占南安府城者即容海。

在池江镇召开了应对将来的军事会议，大会诸将作出新的战略决策，即：由安南入湖南，再趋湖北进图西蜀，以控制长江上游。他们的选择在当时来说也不无道理，一是石达开需要一个巩固的根据地；二是四川防守空虚。

当时清朝军队粮饷多出自四川，四川盐税收入也是请政府的最重要税收之一，更是湖广清军的军饷来源。

在政治上，四川是当时清王朝统治的薄弱地区。当时的川军不能打也没有打过较大较硬的仗。而且清政府当时在四川的军政领导也是很不得力的。倘若四川有失，全国富饶之区尽入他人之手，清王朝怎么支撑得下去？

石达开进图四川的思想由来已久，在太平军出广西入湖南之际，他就提出"先行入川，再图四扰"（《太平天国》四，458页）。以后回长沙时，洪秀全欲图南京，石达开等人又提出"南京长江浩荡，四围涌水，现在并无船只，寸步难行"，"只好到四川"（《太平天国史料》，469页）。所以，石达开自述中记载，"达开久想占据四川"（《太平天国》二，781页）。

进取四川在战略上的意义，一是从经济（盐粮饷）上扼住了清王朝的命脉，二是可以据此为根据地图谋下一步发展，三是有了后勤保障可以与各方反清势力联合互动，等待进攻清王朝良机。

在南安军事会议上，石达开还整顿了军制，将所部军队分成5个部分，即前、后、左、右、中5旗，分别委任统领，以发挥各将领的积极性，便于他们独立作战。然后，决定在这里度过新年后，经湖南进入四川。

第三节　穿湘宝庆失利，受挫被迫回桂

1859年3月4日石达开入湘后，开始形势很好。3月12日，石达开的部将军略朝带新、宰制傅忠信、余子安攻占兴宁、宜章。15日，攻克郴州。17日，石达开部军略赖裕新、宰制傅忠信攻占湖南桂阳州。当时湖南境内防务力量较差，石达开所部入

湘势如破竹，在克桂阳州之后，又占嘉禾。清方对石达开入湘作出不同的判断：一是认为石达开入湘后"欲由宝庆、常德、荆宜各路掳掠入川"；二是担心石达开直取衡阳，并乘胜进入湖北，进攻武汉。前一种判断以湖广总督官文为代表，后一种判断则表现在湖南的军事部署上，以湖南巡抚骆秉章为代表。骆秉章认为，太平军入湘，对清军全局就会造成极大的威胁。骆秉章在一份奏折里哀叹："兹大股逆贼乘虚窜突，倘不能迅速剿除，不但本省生灵遭其荼毒，即绅民之出境援剿者，皆不免有内顾之忧，而东南大局且将不可复问。"（见《骆文忠公奏稿》卷十四）石达开所部的突入，使骆秉章措手不及，一面要求清廷抽调人马入湘助剿，一面和幕僚左宗棠加紧策划，征集本省出征回乡将士、兵丁，一个月之内，即征集兵员达4万人。左宗棠将这些兵员编制成伍，布置防务，择要设防，井井有条。左氏后来成为清代名将，盖始于在湖南征集兵员。与此同时，骆秉章令道员刘坤一率部2000人扎安仁县之龙海塘、江门州，又以水师扼守湘江；令道员刘长佑、知府江忠义自新宁县开赴衡阳；令副将余星元、参将杨恒升由江华取道永州到衡阳。从骆秉章、左宗棠的这个部署看，其中心是保卫衡阳，这些兵员虽然大多是左宗棠新征集起来的，但带兵将领多是久经战场的老将，还是有一定的战斗力的。4月6日，石达开挥军进攻永州县，遭到清军刘长佑、江忠义、余星元、杨恒升阻击，两军进行一场激战。石达开军败，大军略萧发胜（即萧华）、萧高麟（萧高）落水被溺死，这是入湘以来损失的两名高级将领。湘军为阻止石达开军渡河，对湘江实行封锁，湘军水师副领王明山从衡州赶到祁阳，阻止石达开过江。这时，由官文、杨载福派来援湘的部队也已到达。

石达开此时已决定由湖南宝庆（今邵阳）经湖北入川。湖南省邵阳市旧称宝庆，南宋宝庆元年宋理宗赵昀用年号命自己曾领防御使的封地为宝庆府，民国二十六年改为邵阳布。北邻娄底，南界永州，上通云贵，下接长衡，位于湘中而偏西南。北障雪峰之险，南屏五岭之秀，资水横贯，邵水交汇，盆地珠连，丘陵起伏。自古为交通要道，商埠中心，经济发达，文化昌明。石达开把部队重新作了调整，军分两路，一路由赖裕新率领，在攻占东安后，进入广西境内，转移湘军的目标。当湘军刘长佑前来追赶时，傅忠信所部乘机过新宁，击败刘长佑所部，随即直趋宝庆城外，此时，赖裕新也从广西回师进击宝庆。另一路由石达开亲督元宰张遂谋，光天燕张遂儒拟取祁阳之后到达宝庆。4月22日，石达开在祁阳击败湘军知府刘坤一、王勋，副将佘星元、杨恒升。5月3日，再败清总兵周宽世，湖南巡抚骆秉章调知府陈士杰、同知衔魏喻义来攻石达开营。5月7日，魏喻义军至熊黑岭，第二天石达开派军击之。5月12日，石达开在熊黑岭击败陈士杰、魏喻义营。但石达开军没有攻取祁阳，却于5月21日统军西走，向宝庆进军，并在5月24日到达宝庆南面，与赖裕新、傅忠信部会合。石达开对宝庆战役的部署是这样的：石达开率元宰张遂谋驻城南10里的澄水桥，赖裕新驻扎在城西5里左右之神滩渡，傅忠义驻城东12里之泥湾，环城三面遍扎营垒，北面却基本上没有部署兵力。而这时，清军的防卫重点已经从衡阳转到宝庆来，加上左宗棠从俘获太平军战士口中早就得知石达开要进攻宝庆，也已着手做了在宝庆与石达开军会战的准备。清军在宝庆的部署是这样的：以提督衔副将田兴恕扎宝庆城南，以按察使衔道员赵焕联、总兵周宽世扎城东南，在西面因濒临资水，即派水师船扼堵。并事先将城东南外的民房、庙宇全部烧毁，使石达开不能逼近城墙。

从 6 月 3 日起，石达开所部开始向清军进攻。先是分兵敷数路攻城东南赵焕联、周宽世的营盘，虽击毙清守备冯定升，但攻城并无奏效。6 月 6 日、17 日，石达开又派兵从西南、东南两面攻田兴恕和赵焕联、周宽世营，虽仍无奏效，但与此同时，石达开又派兵在东北和北路筑营，这样就形成了对宝庆城的四面合围，宝庆城里文报和粮饷全部被隔绝。初时，太平军占据一定的优势，据方玉润《星烈日记》说：“贼围宝郡，周围八十里均作长濠，较官军之围九江、瑞州殆过之；益贼数二十万外，林深菁密，较之九江、瑞州更险也。田、赵、周连日从内攻击，杀贼亦多，究无损于贼。宝东北荫渠之军及宝东柳桥各军，屡获胜仗，毙旱贼亦多，究之战胜不能远追，追则入其环中，亦不能令其大创。”（见《太平天国资料丛编简辑》第三册，110 页）但此时石达开所部，大多是沿途加入的新兵，不可能一鼓作气将宝庆城攻破。而清摄军赴援部队却一直在增加，刘长佑、江忠义，刘坤一从武冈拔营来宝庆。石达开以刘长佑所部都是新宁人，便派部将陈亨容、萧寿璜率军去攻新宁，迫使刘长佑回师救新宁，以分散宝庆清援军。但刘长佑是沙场老将，没有上当，只派刘坤一率部2000 余人去救新宁，自己却督大队留驻宝庆。此时，清军另一路援军知府刘岳昭、副将何绍彩等也已到城东 40 里处的洪桥扎营。石达开乘其刚到达之时，派兵 10 余路往攻洪桥，击破何绍彩、黄三清营。石达开在城外和清军交战，虽互为胜负，但攻宝庆城的目的却不能实现，攻城一个多月未破。

此时，石达开所部约 10 万多人，长期集中在宝庆城外，又没有后援基地，军需粮食供应都发生困难。加上清军日至，而清军四周都是供给基地，久攻不下，对石达开是个消耗战，十分不利。但石达开依仗兵多，号称10余万之众，清军不过3万余人。在久攻不下时，没有及时退却。7月27日，清军悍将李续宜率援军渡过资水，并令水师刘培元从水路进攻太平军营地，又派同知金国深、府经历毛有铭、游击祁鹏程攻田家渡、清水塘，毁太平军营垒7座，哨卡30余处。宝庆城中的报饷道又和城外联系上了。这次李续宜突然到来，就是利用太平军在宝庆城北部署不力，骆秉章抓住石达开部署失当的弱点，令李续宜取道安化县的蓝田直插入宝庆北路。李续宜受命统领在宝庆的各路清军，一到宝庆就打通北边通途。石达开拒力反攻，于7月28日又亲督赖裕新、傅忠信去进攻李续宜营，李续宜督同知金国琛、副将萧庆衍、沈俊德、胡裕发、彭先古迎击太平军，又令总兵（新升）田兴恕、刘培元督水师来助战。石达开被击败，哨卡被毁达100余处，折兵1万余人，军务戴振声、张裕亮、邱禧太，指挥高玉和等将领被擒。此后休战10多天，于8月13日石达开又派兵数十队去进攻贺家坳李续宜大营，同时令宰制陈亨容及经略萧寿璜南走新宁，从这个部署看，显然是准备向南面退却。但石达开这一战又没有打胜，渠帅胡德孝、统戎陈丽江被俘。第二天夜里，石达开分两路南撤，其中一部分在龙安桥、九巩桥、白杨铺一带，被清总兵田兴恕追击，左旗宰制黄立英、检点陈明友阵亡，将军蔡光远、周子福、王智明、李定发等被俘。8月18日，石达开所部退入广西境。

从1859年7月28日石安达开亲率部队进攻宝庆，到8月14日他决定放率宝庆，石达开是受尽煎熬。在前阻坚城，敌军汇集的情况下，石达开在宝庆前线召开紧急会议。因为石达开部的老兄弟多是广西人，思念家乡，仍怂恿石达开回师广西。为了回师有名，乃假借奉天王洪秀全"密诏"，回广西以招兵买马，扩拓疆土。8 月 14 日（农历七月十六日）放弃围攻宝庆，石达开率领赖裕新等由山间小道昼夜兼行回转广西。在匆忙撤退途中，前面不断遭受地方团练的阻截；后面又遭到湘军的追击，辎重兵员损失很大。在敌人的欺骗宣传和利诱下，大军略周学韩等投敌。这次仓促回师，造成军威不振。

第四节　石达开回师广西的主要活动脉络

石达开率部由湖南东安间道入广西后，占领义宁。分军防守大溶江一线以遏追兵，湘军萧启江部追入大溶江，石达开欲会合石镇吉部南下围攻桂林。当时桂林省城空虚，巡抚曹澍钟等束手无策，急调蒋益澧率领湘勇 500 人从平乐回援桂林。石镇吉部前锋 3000 人先至，因不知城中空虚，迟疑不进，坐失占领桂林省城以捣毁敌人指挥广西各地的良机。9 月 29 日（九月初四）湘军萧启江部赶到桂林会合蒋益澧部，向石达开部队发动攻击。10 月 5 日（九月初十）石达开和石镇吉部均撤出桂林，分三路从桂林出走，各自单独作战。

东路领军主将陶金汤，率部队 2 万余人，目的是会合从湖南撤回贺县及广东连山一带的石国忠、何名标部。并联合活动于怀集的陈金刚部和天地会起义队伍，以牵制入桂的湘军，北上可以攻击湘南。陶金汤部经过阳朔之白沙、矮沙两圩进入平乐府境内，平乐为桂东重镇，沿水道南下威胁梧州府。陶部连结长期盘踞修仁莲塘寨的张高友部，于 10 月 11 日（九月十六日）改下太平天国建国基地永安州。陶金汤称全军部督，在永安州驻扎整顿队伍，逢 3、6、9 日都亲自向部队及群众宣传太平天国的政策。正当陶金汤在休整队伍，而莲塘寨主张高友却探听到陶金汤部财物充足，顿生吞并之念，遂率党徒乘黑夜偷袭陶金汤部队。并杀死陶金汤，逼走军师罗某，掠夺了所有的财物，又威迫陶金汤部投降。陶金汤部在主将被害的情况下，有万余人不愿归降张高友，乃奔往武宣。因不能渡河，转往平南过昭平、富川，在沿途行军中，屡屡遭到团练的截击和袭杀，最后转到湖南江华，又遭到湘军攻击而败转贺县。因沿途行军作战，伤亡惨重，有的又失散了，最后只余数百人参加陈金刚部队。东路的主将陶金汤回师广西才半年，被张高友杀害，部队亦散失殆尽。

南路领军主将石镇吉"系翼王族弟，号为国宗，人多称为石大王"。在福建汀州和石达开分离后，由福建入广东，攻破嘉应州，转入湖南破道州由龙虎关入广西，进入平乐沙子圩、兴安，会合石达开部攻桂林，不久解围走。石镇吉率领 10 万大军占据永福，破象州，由古眉峡出武宣境，折向西而挺进宾州。在挺进宾州途中，尾队被永淳古辣团练袭击，石镇吉部两次派人进入古辣说理及征筹粮食，均被杀害。乃令石贵忠率队围攻古辣陈、虞、李、蔡村。11 月 23 日（十月二十九日）攻破古辣陈、虞、李、蔡村，发生激烈的巷战。古辣豪绅、团练死者 2000 余人。同日，石镇吉部队攻占宾州城。石镇吉在宾州驻扎，并分军攻占迁江、武缘等县城。1860 年 2 月 7 日（一月十五日），石镇吉入上林，改上林为澄江县。同时，石镇吉部在宾州附近各县筹备粮饷等达 3 个月。"宾州度岁，欲俟春暖，再为起马。至十年正月间，由宾州率全股，攻入思恩府城，取道上百色，攻城半月，不能攻进。"这年春天路过平果县山心圩，地主头目邓正阻击，石镇吉反攻，屠数百人而去。3月6日（二月十四日），石镇吉部占据百色东南街市。百色城在石镇吉部未到达前，谍报获得消息而戒备。把广东客家种蔗佬搬入城中帮守城，城外拆除所有民房，群众全部搬入城，城外空荡荡的，又把城内广东烟商的"护商队"及刨烟工人数百人组织起来帮守城，城墙上距离3丈煮大锅糖油。石镇吉部派遣人员已先后混入百色城内，以便接应。因内部叛变，敌人立刻搜杀了准备内应时近百人。石镇吉部队用地雷轰塌城墙10余丈，蜂拥而入。被城上滚糖油淋下和用铜钱当炮码轰击，伤亡数千人。在前阻坚城、野无所获。而镇安、凌云等地的清军、团练来援百色，因此造成内部自相猜忌残杀。"时因道经田州，有州官岑裕基、岑鋐父子，进贡马匹投降；随即传令不准搜扰，于是民不搬移。不料中队人马，将男妇居民，提了千多，镇吉传令尽行释放，如有私匿一人者斩，各队俱遵令放回。讵有湖北先锋馆私匿妇人一口，即田州官岑鋐之妻，查询不见，即来大馆告知镇吉。即时便发令箭三百支，严加搜查，始得湖北馆内搜出，随将该先锋枭首示众。乃不料他两湖之人，俱谓镇吉袒护广西人。遂籍此事煽惑众人，私下结盟，以为刺杀镇吉之计。随有漏信报知镇吉，镇吉只带心腹亲随约有一二千人，连夜由红水河沿岸而下，欲回庆远府与翼王合兵，因行至安定地方，路径崎岖，被壮练埋伏，连打仗五日，先锋死者殆尽，投红河死者不计其数，镇吉因被长针戳伤，即被擒拿。"石镇吉出走至匹夫关被擒，前线失去统一指挥，军心离散，在敌人反击下失败了。石镇吉部围攻百色的惨败，是由于内讧而不是由于敌人的强大。是役"父亲口，叔石龙泉，二胞兄石镇高、三胞兄石镇奇、五弟镇发，俱被壮练杀死"。国宗石镇吉、甥黄贵生、宰制陈玉麟"解送思恩府，署知府徐引因贼氛吃紧，原拟将该犯等在府正法。旋以道路稍通，解省奏办。臣督同可道亲提研审……当将该犯等凌迟处死"（咸丰《东华录》刘长佑奏）。石镇吉、黄贵生、陈玉麟在桂林壮烈牺牲。残部由从庆远至泗城府赶来的宰制曾广依率领，渡过红水河入贵州，转战于云贵和广西边境。石镇吉部在百色的惨败，使石达开失去了有力的军事支柱，造成士气低落，从此一蹶不振。

西路领军主将为翼王石达开亲自统领。于 9 月 19 日（八月二十三日）大军 10 余万人，以赖裕新为先锋由灵川西进，克义宁入龙胜厅转往融县。10 月 15 日（九月二十日），石达开占领桂北重镇庆远府，取得回师广西后的第一个立足地。石达开在庆远驻扎练兵，使赖裕新等占领河池思恩各州县，自罗城至落墨渡连营 200 余里。这期间，石达开在庆远热热闹闹地庆贺他的 30 岁诞辰；和部属游春于北山白龙洞，留下了珍贵的石达开及诸大员的唱和诗 11 首。在庆远，石达开对原来太平天国的官制礼文亦有所更改，如元宰、光天燕、精忠大柱国等皆是新设，还劝导群众信仰上帝，毁庙宇的菩萨，但不拆庙。石达开坐镇庆远，欲等待时机由贵州绕道入四川，形成三国鼎立之势。因粮食给养困难，跟随石达开的广东花旗队伍陈荣、谭星等以广西穷苦难以久住为由，首先脱离石达开回转广东连山一带。又因石达开部队下层官兵多是两湖三江的人，不习惯广西的环境，加上部队连吃饭亦难解决，对滞留庆远不满而亦产生思归情绪。

1860 年夏，石达开在庆远因给养困难，各地方团练又云集庆远周围，湘军蒋益澧平定昭平、平乐后移师攻庆远，画眉岭一战，石达开部受挫折。石达开为了避开云集的清军、团练，于6月8日（四月十九日）自庆远往忻城，到达迁江。派赖裕新为前锋攻宾州，彭大顺攻武缘。赖裕新部在土司李青天部配合下，8月10日（六月二十四日）进攻南宁，围攻旬余未下；石达开则在宾州依李锦贵而入上林，封李锦贵为纯忠大柱国体天候。赖裕新进攻南宁之时，由于内讧，部分队伍杀赖裕新的母、弟、妻、子而向宾州北上。这次突然的分离行动有在武缘的总统先锋彭大顺、宾州的总统先锋朱衣点、迁江的童容海、忻城的张志功、郑忠林等共四五万人，他们感到在广西前途渺茫而率军回转天京。在这些首领倡议下，石部候、相、检点、指挥亦纷纷加入回转天京的行列，所以赖裕新围攻南宁的部分部队亦起而响应。彭大顺、朱衣点的队伍行动机警，沿途击溃团练堵截，突破湖南清军包围。于1861年秋到达江西和李秀成的太平军会合，队伍发展至20万人。洪秀全封这支万里回朝的部队为扶朝天军，成为天国后期的劲旅。左旗张志功、郑忠林部1万余人在灵川投降了广西巡抚刘长佑，留精壮者两千人编为5营，成为石部及广西会党的敌人。不久，庆远、南丹的后旗余宗福部万余人亦由义宁走灌阳。余宗福被部下余明善（余成义）所杀害，余明善向清军投阵。这支部队转瞬又成了石达开部的敌人。石达开在上林遭到众叛亲离的瓦解局面。百战精锐失之于百色，三江两湖的兄弟纷纷脱离石达开回转天京，有的又投降了敌人转过枪对准了石达开。回来时候20万人，与现今是十不存二，只能统率的仅万余人。在石达开势力穷蹙的时候，依附的李锦贵又病死，倚靠的宾州谢必魁、宣化李青天又投降清军。石达开不得不离开上林回转老家贵县，想依靠原籍父老资源和联络大成国的陈开部队。

1861年8月21日（七月十四日），大成国京城浔州被清军攻破，陈开败亡，黄全义、黄鼎凤均投降。石达开失去屏障和依靠，只得踉跄西走贵州以入四川。率领余部及大成国残兵共三五万人，由贵县回转庆远府，走罗城往融县。9月18日（八月十四日），湘军刘坤一在浮石截击石达开，石达开受伤坠马，差点被湘军所擒，乃折往三江县之青龙界。击败湘军防守部队，出广西境而入湖南沅州。

第二章

石达开回桂时的广西会党起义

石达开回师广西，原非出于本意，只是由于经湘入川的计划受挫以后，部队损耗很大，不得已而退入广西，打算再寻找据点，进行休整，以图新的振作。在广西整整两年的斗争，经历了艰难曲折的磨难，度过了他离开天京后极为困难的时期。

广西是太平天国起义的发祥地。自太平军出广西北上后，广西境内反清武装斗争并未停止，全省境内，大大小小的农民武装力量不下百余支，他们攻城夺地，杀贪官污吏，劫富济贫，有力地打击了清政府在广西的统治：1852年9月，在南宁爆发了朱洪英、胡有禄为首的天地会起义，聚众达三四万人，转战在湘桂边界；1854年2月，张高友在广西荔浦起义，势力遍及平乐、桂林、浔州三府。特别是由广东入境的陈开、李文茂义军，在桂平建立了大成国，先后攻占府、州、县城数十座，一度控制了大半个广西，并且拥有大量的船队，出没于浔江、柳江，声势最为浩大。

但是，由于缺乏互相配合作成，内部不够团结等弱点，加上广西地主武装的发展、强大，从1858年起就开始逐渐处于不利的地位。石达开进入广西时，各路起义军虽然仍在坚持斗争，但已过了兴盛时期。石达开率部回师广西，对广西的农民起义军应该是个巨大的支持，而且，广西各地的农民起义力量的存在，也为石达开的反清斗争提供了有利的客观条件。

然而，广西长期遭受兵灾，地脊民穷；地主团练势力又越来越强，各地农民军各自为战，缺乏统一调度，又都预示着石达开处境艰难。

第一节　陈开、李文茂、梁培友、覃亚税起义概况

陈开（1822~1861）　广东鹤山人，船户出身，天地会首领。1854年7月5日领导会众在佛山义青岗起义，建号"大宁"，自称"平镇王"，以封满、和尚能、霍辉、朱发为军师和大将，部众号称10万。义军皆用红旗、红巾，称为"红巾军"或"红兵"。7月下旬，李文茂、甘先等围攻广州，陈开援其未果，均为大沥、梯云、太平四堡团练、清军所阻，未能会师。地主组织团练、奸商组织"米行会"，香港总督包令与英国海军以舰艇偷运粮、弹予清军。两广总督叶名琛在内外勾结下，拼死守城。年底，肇罗道沈棣辉率清军与南海、顺德团练进攻佛山，乃败走九江。次年初，各路红兵撤离广州，与李文茂联合麾师西征，攻占肇庆，进据浔州（今桂平），建立大成国，改浔州府城为"秀京"，称"镇南王"（1856年改平浔王），建号"洪德"。大成国的势力先后波及广西30余州县。1858年，与李文茂会攻桂林失败，退守梧州。次年，闻讯文茂由贵州败回广西，率部驰往，攻陷柳州，收其余部。1861年8月20日，秀京为广西按察使蒋益

澧攻陷，败走贵县，至大滩为团练头子赖联桂计擒，就义于浔州。余部分归石达开与黄鼎凤部。

据光绪《股匪总录》卷三记载：咸丰"五年四月培友过悦城，出封川，复窜梧州，足为陈开、李文茂入广西之始。……培友、陈开、文茂合股窜藤县，过午南，知县李载文截击。窜浔州，围九十余日，八月，城陷，知府刘体舒、署桂平知县李庆福等死之。""建伪号曰：大成。改桂平县为秀水县，平南县为武城县，贵县为怀城县。铸钱，文曰：'洪德通宝'。""李文茂自称平靖王，陈开镇南王，梁培友平东王，区润平西王，梁昌定北王，署伪官，征赋税。"（光绪《平桂记略》卷二）

据《平桂记略》卷四和同治《浔州府志》卷五七有关陈开之死的记载，咸丰十年三月十四日（1860年4月4日）陈开"大败于舟竹江，遂弃浔州逸出赴石达开大圩。达开闻湘军且至，遁思恩。开进退无据，将依黄全义、黄鼎凤于贵县。至大滩，团绅陈璠，赖联桂计擒之……碟死"。

李文茂（？—1859）　广东鹤山人，又名云茂，出身于粤剧艺人，精武技，天地会首领。1854年7月起义于广州城北郊佛岭市（今新市），以梨园子弟为前锋，所向披靡。广州附近花县、沙亭岗和燕塘一带的天地会首领甘先、周春、陈显良等率部来会，声势大振，众至数万。义军皆用红旗、红巾，称"红巾军"或"红兵"与"洪兵"。7月18日，红兵在三元里附近牛栏岗大败清军，斩副将崔大同及官员洪大顺等。20日，统率三路大军围攻广州，并亲自指挥西路，由佛岭攻打城西青龙桥。两广总督叶名琛在地主团练、奸商与外国侵略者的支持下，拼死守城。次年初，红兵战败撤围。率军退至南海九江，联合陈开西征，攻克肇庆，占领浔州（今桂平），建立大成国。1855 年 9 月，麾师西进，联合当地义军，先后占领贵县、平南、武宣、象州。1857 年 3 月，进据柳州，称"平静王"，改柳州为"龙城府"，自行设官授职，铸造"平静通宝"，遣军攻占融县、庆远等地。次年，与陈开合攻桂林失败，退回柳州。6 月，湘军蒋益澧部攻陷柳州，退走贵州锦屏、黎平。黔军追击，1859 年 11 月，再回广西，病死于怀远山中。余部由陈戍养统带，后归附陈开。

据同治《浔州府志》卷二十七记载："李文茂则九年在庆远苗寨吐血死。"据《股匪总录》卷三记载："十月，回串柳城、融县，匿怀远老堡、溶江，旅毙于怀远山中。"

梁培友 广东鹤山人，道光末咸丰初年，与区润等驾大利号扒船，包送货物。咸丰四年五月，培友进踞戎圩，逼城下，时为西江水上两广各路起义军总管。五年四月，培友"复窜梧州，是为陈开，李文茂入广西之始"，泊三角嘴，再溯西江上藤县、平南。八月，与陈、李攻克浔州城。十月"窜平南"，十二月"屯大黄江，号称数万人"。咸丰六年五月，攻平南。十月"复合于梧州，培友为（大成国）水路总管，文茂为陆路总管"。咸丰七年三月，"大坡匪攻廖洞。培友自平南大乌来会，团练击之，中炮死"（见《股匪总录》卷三）。

平南县群众中传说的"水贼"主要指大成国陈开、李文茂、梁培友的水上武装队伍。从 1855 年春起，以梁培友为主力的大成军，联合桂平、贵县、北流、容县、平南等县的会党力量，频频进击平南县武林、大乌、六陈、燕岭、秀水岭、思旺、舟竹等地。

覃亚税 据光绪《容县志》卷二七所记：1863 年 1 月"苍、

藤、容、岑、平、桂各县贼目，大会于自良，推覃亚税为六县盟主。……称开国公，戴九称建国公，其余冯毓经、曾五、蒙大等，皆称侯"。后来他们成立了平桂局。

据《袁衡堂复唐子实书》记，平桂局成立"未满一年，已诬杀去绅士数十人，平民不下六、七千"，"作威福，酷勒多财，纠众突烧入六陈圩"。

据《袁衡堂覆唐子实书》记，平南官府批示："有平桂一日，乡里一日不能安，准六陈等处，立佑良局"，劳里"立王方局"，以对付平桂局。不久，平南官府宣布平桂局为贼局。

据光绪《平南县志》卷十八记："范逆至窦家亚帅（税）藏之密室。阴使邑绅覃端元送款官军，愿缚范逆认自赎，并求五品翎顶，蒋统领许之。十月十五日，遂生擒范逆，交端元械送至城。亚帅（税）率党万余投降，改名乃辅。"

据同治《浔州志》卷五十七记，覃亚税降清后，其部蒙五、龙济受复叛据大坡。1867年夏，覃亚税"计擒蒙五、龙济受等斩之"。

第二节　甘木、姚新昌、李文彩、范亚音、揭三起义概况

甘木　据《平南县志》所记：同治二年"五月，甘匪与范逆互相攻杀……范逆败走……甘复袭擒范六于十里圩，掳其资。而范二踞大铛塘，甘攻之不能下。覃亚税闻之，使曾五来城和解。曾至反助范攻甘，杀甘木弟亚汉回及其党三百余人，甘退归杨叶，曾复攻之，甘势逼，遂通款于王邑宰请降，会附近各村剃发"，"甘匪改名沛棠"。

姚新昌于咸丰初年举义。1855年，陈开在桂平建大成国，姚投奔之，被封为北路大元帅。曾转战桂平，玉林、容县等地，军力过万，对清政府威胁颇大。

据《浔州府志》记载，同治四年十一月"新昌与姚大洸（光）等焚掠马平村"。

据同治《浔州府志》卷二十七载："1866年春，新昌意欲遁广东，行至兴业，乡人不识，劫其财物而释之。遇有被掳之妇人呼其姓名，因逃匿于元洞村，后窜欢田。贺阶平迹至官田，不获，又与村民张亚英迹至甘村，乃获之，解蒲塘，交玉林州牧就地惩办焉。"

李文彩　永淳上南狮子村人，曾以理发为业。1850年在永淳平浪起义。次年被南宁府招抚，充勇目，驻守横州大滩。1852年7月复叛，与横州宁晚联合反清，势力日益壮大。据民国《横县志》第五编记："李文彩由南乡回飞龙，有替蓍村土匪黄福昌与之合，许为内应。遂于（咸丰二年）八月十二日，攻劫替蓍村之巨富黄家，掠得银物谷米、衣服、牛马、枪炮、弹药，无一不足，派黄福昌、周士雄在替蓍村作巢。"

1855年5月27日，李文彩和梁昌攻克南宁城，亭子沙棠地主团练武装据险相抗。李文彩于5月30日率队攻剿。据民国《邕宁县志》卷四记载："当道光季年，土匪蜂起，无处不被贼裹胁，独沙棠村筑堡养练，与贼对抗，为贼党所仇视。时，梁昌既踞郡城，各处难民咸来避乱。本月（五月）八日，土匪乃纠该贼围攻之，为所陷，杀数千人。举人雷高衢合族歼焉。"因李文彩后来投奔太平军，所以当地群众都称李文彩部为"长毛"或"太平军"。

1857 年 4 月，李文彩率 3 万余众会同艇军梁昌（亦称陈大口昌）所率万余，分水陆两路合围横州城，城东南隅有兵练万余防守。4 月 26 日州牧罗定霖潜逃。27 日（农历四月初四），城中有人内应，开大南门，遂破城，歼敌近万人，因惊恐投井、蹈塘死者亦不少。

1857 年，李文彩破横州城，团目苏文茵、保护局绅施彬文等逃匿杨彭村。李文彩侦知即发兵围攻，被困数月。因左江道遣千总吕俊之驰援未能攻破。

1857 年 3 月 26 日，李文彩攻灵山陆屋等地，钦州营参将廖达章统钦州合浦练勇驰援，李败退横州。12 月 28 日，李文彩攻克灵山城。1885 年 8 月，高州镇清军援攻灵山，掘濠沟，移木栅逼城，"贼势穷蹙"。11 月"官申乃议编克复勇队，日夜环攻，贼食尽援绝"。12 月 29 日，"贼分队溃围出，一由沙井头走棠梨；一由北关走凉粉坪。"12 月 30 日，"遂复邑城"。（民国《灵山县志》卷八）

范亚音 据《容县志》卷二十七载，1863 年元月，"苍、藤、容、岑、平、桂各县贼目，大会于自良，推覃亚帅（税）为六县盟主。……遥推范逆为镇容公。……憔亚音不受，曰：贼即贼耳，何公侯为？"

据光绪《玉林州志》卷十八记，（咸丰七年）"正月二十二日，容逆范亚音等纠党七八千，困攻北流县城。"知州刘德钧调 1000 团练"与北流兵练合剿，屡获胜仗。该匪大起，贼众近万，再肆扑攻。至二月初七日，北流城陷"。据《北流县志》又记"知县肖煊、典史施沅先后被害"，"男女死者数千人。连日分陷附近寨堡，改北流为陵城县，以戴九为伪县令"。

据光绪《平南县志》卷十八记："因贼为红家，遂以各乡不入会而归团者为白家。"当地传说，凡参加天地会称"转红"，向范亚音交租税称"交红租"；天地会占领地被清兵团练复占称"转白"。

据光绪《容县志》港二十七记："亚音遂称总头目，立洪胜堂，发仓谷供粮，拘访厢、辛思民纳洪租。以四六抽，贼得四，耕者得六。"证明范亚音在他占领区确征收过红租。

揭三，光绪《容县志》卷二十七记载："揭三于是年（同治元年）三月，劫化州扶垌圩归，势益强，范逆忌之，阴令梁七刺之死。甘木不服，请诛梁七，范不得已，沉梁七于河。由此范、甘二酋有隙。"

第三节 李锦贵、谢秉彝、宋扶捍、李青靛、
孙仁广、罗华观、任文炳起义概况

李锦贵（？～1861） 太平天国时期广西上林县人民抗清起义首领。广西上林县东关人，壮族。1855年4月，联合黄元镠等建立"大勇堂"，1856年春称大元帅，建三军师，正式树旗反清。1857年8月，联合谢秉彝攻克上林县城，杀知县杨培坤，改上林为澄江县，自称明义将军大司马，蓄发变服，用太平天国年号。1858年7月，清军进攻，他撤离上林，9月复返上林。1859年7月，与黄鼎凤率兵攻破巷贤、桃塘、内外八叉等地。10月，石达开部石镇吉入驻宾州，他率部参加太平军，1860年被石镇吉封为"澄江县大令"。1861年2月，迎石达开入上林，石达开封其为"纯忠大柱国体天侯"。1861年3月，随石达开部进攻水平村，5

月病故。

谢秉彝　据《平桂纪略》卷二记："秉彝为宾州团总，跋扈狼戾，潜与贼通。与上林团构怨，求助于官，景禧斥之，秉彝遂谋作乱。（咸丰七年）四月，纠鼎凤攻城，大肆焚掠。六月二十五日夜，穴地道入，景禧被执，服毒死。""是冬，鼎凤改宾州为临浦州，以逆绅谢秉彝为伪州牧。"（《宾州志》卷十三）1858年5月，临浦州城陷，秉彝被捕杀。

宋扶捍　据《股匪总录》卷一记：宋扶捍，宾州黎村人，初行劫。咸丰七年，贵县股匪黄鼎凤犯宾州，扶捍为后队伪先锋。据黎村为巢。"1865年，宾州知州王锡龄进剿。"扶捍穷蹙。（同治三年）十一月，守备李廷芳擒扶捍。"

李青靛　又叫李青天。据《邕宁县志》记载，李青天是邕宁五塘那锡村人，于咸丰八年联合邕宁等地会党，用王文华、粟金来为谋主，编立营制，号令专一。九年奉上"大王"徽号，敬礼文人，威望愈隆。同治元年，石达开踞武缘时，李遗使通款，因得太平军之助，势益大，设税厂于八塘，立卡抽水，货既经纳税，通行无阻。李青天与孙仁广不合，李青天曾向南岸扩展，为孙所败，孙亦想渡江北，为青天所逐。同治四年，清统领刘培一招安，青天乃剃发投诚。同治五年，青天随刘培一赴桂林将谋传道，仇家赴省上控，率被处斩。

孙仁广　据《邕宁县志》卷三十四记载："孙仁广，号孙二大，据永淳山泽，与梁安邦合伙。……（咸丰）五年，伪为投诚，思借官军去文彩以自雄。……（七年春）仁广以文彩势大，叛附之。……文彩改走平浪……诸壮贼皆归仁广，仁广由是独霸一方，称两广大元帅，与李青天遂为南北岸土贼之领袖。"孙仁广发展到有数万之众，势及永淳、宣化、灵山。1866 年 10 月，广西巡抚张凯嵩率官兵围攻山泽，孙不支退入小莫村，拼死抵抗。张利用受抚的李青天冒死炸崩内栅，孙等数百人被俘遇难。

罗华观 据《苍梧县志》第八册记："罗华观，下郢人，行六，贼呼为六权，又称华观六。""人亦最多"，"诸无赖竞归之，纵横数百里"。又《股匪总录》卷三记载："咸丰四年五月，艇匪梁培友窜扰戎圩，华观始出应之，培友踞三角嘴"，"华观踞下郢"。"十日，培友败走广东，华观踞苍梧多贤村，蔓及浔阳"。五年"培友复至梧州，华观出与合股"。七年闰五月"华观据下郢为伪秀江府"。"八月，陈开陷梧州。十一月，华观破东安石桥，入梧州踞之"。十年春，"华观纠陈金刚入苍梧"。十一月，华观"奔入浔州府，附入陈开股内"。"同治元年十二月，华观走死"。

任文炳 据《股量总录》记："梁亚长、关福、任文炳，皆波山艇匪也。初，道光二十六年，桂平李观保纠任文炳掠浔江，为艇匪之始。……三十年八月，任大炳结艇匪两千余人，掠平南。"1852 年 2 月，任文炳攻入浔州，"劫狱囚"，旋泊戎圩，"至是艇五百余，人万余矣"。1852 年 7 月，两广总督徐广缙驻师梧州。7 月 27 日，任文炳与官军大战失败，溺水而死。

第四节 黄鼎凤、吴凌云、朱洪英起义概况

黄鼎凤（1830~1864） 乳名特旁，绰号黄三，广西贵县覃塘墟郭西里青云村人，太平天国革命时期壮族农民领袖。早年失怙，自幼为人牧牛，备尝艰辛。1848 年，张嘉祥于贵县揭竿起

事，他投入其军，充当壮勇，随向荣北上攻太平军，于湖北为太平军所败，潜回贵县。适值两广天地会相率起义，各乡团练据地自保。1852年，回覃塘，伺机待起，设洪顺堂，立英雄馆，练民团，自为团总，身先团练，击败天地会谭特养的两次进攻，声威远著，从者益众，势及邻近诸邑，成为一方之雄。1853年冬，率部在覃塘墟正式起义。1854年，8月率军攻入贵县县城，1855年撤出县城。1856年9月，陈开、李文茂进攻贵县，他率部响应，遂轻取县城，改贵县为怀城，陈开授其将军衔。1857年4月，与宾州团总谢秉彝联合，攻克宾州，改宾州为临浦州。同年8月，与上林县团总李锦贵联攻上林县，克之，改上林县为澄江县，开仓济贫，蓄发易服，遍张布告，奉太平天国年号。1858年4月，清军夺占宾州，谢秉彝被俘牺牲。11月，他率众收复宾州。1859年1月，回据贵县覃塘龙山，随后屡次进击迁江、武鸣等县。

1861年7月，大成国失败后，余部4万余人相率归附黄鼎凤，悉听其指挥。石达开还特派礼部大中丞周竹岐协助他整顿军务。这时义军有马5000，拥众5万，势鼎盛，成为当时广西最大的农民起义军，引起清廷的重视。统领湘军布政使蒋溢澧攻破浔州后，率军直上，8月攻复贵县，黄鼎凤退守登龙桥，整军督战，驻守要隘，困守月余；为保存实力，佯受招抚，蒋溢澧许其就抚，让其解甲归田。他见敌中计，便"复纷然四出"，再克贵县，重新颁布《约法十二章》，其内容有：第一，重整旗鼓，推翻清朝统治。第二，广泛招收贤能之士，共图大业。第三，实行耕者有其田的土地政策，减轻农民负担。据记载，在其统治区域内，实行"写耕夫"政策，即按农户田亩多少，每户登记造册，按所登记的田亩征收田赋，所征的田赋比清朝轻二三。并设粮台，归附者岁纳保险费若干，即无事。第四，保护工商业，准许商民自由开采银矿。第五，严禁囤积居奇，违者必惩。第六，严禁吸食鸦片、赌博、盗窃等，严肃军纪，秋毫莫犯。这些革命措施反映了农民的要求，调动了人民的积极性，在其管辖区域里，风气为之焕然一新，"境内约束严明，几于牛马放牧不收，外户不闭"。

整顿军务后，黄鼎凤率军直捣浔州府，沿途清军闻风而逃，义军前锋进逼岭头铺，距府城仅 10 里，但清巡抚刘长佑援军至，双方激战，互有胜负。义军贮存的粮草被敌军全部烧毁，遂退回贵县，分兵驻守覃塘、平天山等要隘，屡挫清军进攻。1863 年，在小平天山上建置宫殿，储谷存粮，为久守计，并称建章王，刊刻"尧天五典"诸书，传檄远近，宣言出师长江，与太平军相呼应。

此时，由于太平天国形势逆转，两广各地义军皆被扑灭，清军遂集中力量进攻，先占贵县县城，捣毁义军的根据地覃塘，挖壕筑垒，重围平天寨，截断援路。清军仰攻不利，数月不克。1864 年 4 月，广西布政使刘坤一执鼎凤母亲，令其上山劝降，鼎凤终于下山，投入清营，遂被杀害。

黄鼎凤在广西的起义影响很大，地方志书多有记录。

据光绪《贵县志》卷二十一记载："黄鼎凤，乳名特旁三，郭四里青云僮村人。幼时从羊乍村宋家牧牛。及长，不耐劳苦，为响马盗，被人控告，逃往依招抚巨寇张嘉祥充当壮勇。至湖北，不守营规，与其党黄有禄逃回县之黄练圩。……咸丰二年，遂招回覃塘圩，开设壮丁馆。特养两次带匪入境，鼎凤俱身先团练打退，人由是信之，凡事皆听其指挥。……从者日众，所管多至七十余村。"

据民国《贵县志》卷十七记载："初，鼎凤攻汾水村，被击走。村民益以勇自雄，常设伏要隘，要夺粮械。鼎凤屡受挫，结合陈开等万余人围攻之，历六昼夜，村破。全村死难者李、陆、邬、黄、凌、吴、韦、樊九姓，凡数百人。"破村时间为1857年元月1日。

据光绪《贵县志》卷六记载："郭南山边，山胜村与黄全义积不相能。咸丰六年九月，全义联合陈开等部万余人攻山边，为乡团击败。十月二十日复合众数万困山边、山肚，二十二日，攻破南闸，有百余人避上独寨山顶，全义登山寻杀，村民坠崖撞石，头破脑裂。统计二村死者约六千余人。逃脱仅数十人。"黄全义是黄鼎凤的四大主将之一。

1857年5月8日，黄鼎凤联合周十二等7支会党围攻宾州城。5月中旬，分兵攻破古辣四村。8月14日夜，挖地道破州城，毙知州翟景禧，消灭兵练1500余人。旋改宾州为临浦州，命谢秉彝为州牧。

同治三年四月（1864年5月），黄鼎凤退守平天山，陷入重围，断绝外援。刘坤一派总兵陈本志，"上寨谕以利害，诱以恩义，并剀切开导，断指示信。黄逆乃决其投诚，先令伊妻与母随本志下寨，自缚军门投首。……我军乘机缚执，扫其穴而歼其渠，先斩伪王黄鼎凤二子，次及二妾，及伪军师周竹岐等皆按律处决。黄逆凌迟处死。……惟黄逆之母与妻赦之，给银养老用。"（同治《浔州府言》卷二十七）

吴凌云（？~1862）　广西新宁州（今抚绥县）渠卢村人。原名吴元清，身高腰长，绰号长腰四，家道殷实。他秉性豪侠，喜结反清志士，劫富济贫，故咸丰年间为人告发，被执入狱，逼捐款自赎，后设法逃回渠卢村，村人拥为四大哥，竖旗聚众，号称"全胜堂"。1851年，知州庆祺调集兵练，围剿渠卢村，相持3月，乃突围走。不久，州境天地会众纷纷举旗响应，势力复振。1853年，以垅罗墟为根据地，四处出击，纵横数百里，附近农民望风归附。1854年11月，遣黄十九，率众数千。据大塘墟，俘斩附生莫温玉、武生张没、武举张洲、贡生莫秀山等百余人。1855年，据驮驴圩，遣吴大、吴阿秋、林晚等占渠卢寨，取掎角之势，屡败清军。1856年10月，率众攻克新宁州城，擒杀贪官污吏数十人，布告谓："联合各异姓兄弟，同举义旗，专讨满奴，以复汉室。"

1855～1860年，先后攻占了左州、江州、迁隆、宁明、龙州、养利等州县。1860年8月，复取新宁州，俘斩代知州郑元振，随即麾师西进。9月，令黄万年、卢裕纶、黄晚、葛二等率军攻克太平府城，俘知州刘作肃，杀蒋应奎等一批清朝官僚，威震左右江。1861年2月，建立延陵国，刻制延陵玉玺，修建宫室，蓄发变服，封梁国桢以下数十人为官，称受太平天国封为延陵王，誓与天王会师中原。其辖境西至太平府、龙州，东至新宁州，南至忠州、上思，北至隆安、乔建，纵横数百里，成为桂西南左右江地区一支最大壮族农民起义军。延陵国内，实行了一系列利民措施：政治上摧毁清朝地方机构，颁发"红飞"（红色通行证），打击豪强地主。经济上允许耕者自收，这样减轻了无地少地农民负担。故延陵政权得到壮汉各族人民拥护。然而，农民阶级的局限性使其满足于割据一方。1861年后形势逆转，养利州、宁明州相继陷落。1862年2月，土江州、上思州又为清军攻占，太平府城处于清军包围之中。3月，清军进攻壶关，义军军师谢国桢、元帅罗品光牺牲，吴凌云弃城退守陇罗大本营。10 月上旬，那隆失陷，清军蜂拥而来，步步为营，进逼陇罗，乃率敢死队突围，东去木民寨求救，中途为伏炮击中牺牲。其子吴亚忠率余部与广东灵山农民起义军小张三部相合，转战镇安、归顺一带，数入越南之境。1869 年 11 月，吴亚忠牺牲，后其余部刘永福成为著名抗法将领。

朱洪英　据《灌阳县志》记载，咸丰四年（1854）八月十八日，广西南宁天地会首领朱洪英、胡有禄等率领的平民起义军攻克灌阳县城，建立"升平天国"，朱称"镇南王"，胡称"定南王"，奉"太平天德"年号，王宫设在文庙（今灌阳二中）内。咸丰五年三月，清军反扑，攻占灌阳，朱洪英等退到平乐沙子街，随即进军湖南攻陷东安。咸丰六年正月，朱洪英自富川转战麦岭，失利后退回灌阳。再由灌阳攻永明，被清军围堵俘杀，后其部队由满天科（陈永秀）黄金亮分统，是年七月回灌阳整编。

第三章

南路军石镇吉回师桂北

第一节　满门忠烈的石氏兄弟

1851年金田起义后，石家兄弟先后踊跃参加革命，自石达开之下，早期的有石祥祯、石镇仑、石镇岗、石凤魁；后期有石镇吉、石镇常、石贵忠、石镇发、石镇全等，均为名将。石氏兄弟忠贞革命，英勇善战，功绩卓著，除石凤魁因渎职战败被军法论诛外，其余皆先后为天国捐躯，彪炳千秋。

正因为有众多石家子弟的支持，石达开才在太平军中拥有崇高地位，当然，也是他个人的魅力，才能使一个普通的贵县农家子弟得到父老乡亲支持和拥戴。

石祥祯　原名石祥开，为避达开名而更名祥祯。因骁勇战，得"铁公鸡"之外号。铁公鸡就是一只最威武的雄鸡，祥祯勇猛，当之无愧。永安被围，祥祯率贵县矿工千余驰援，兵到激战围乃解。太平天国定都南京后，封丞相，列为国宗。后奉命率师下扬州，援九江，克九江、南昌，连战皆捷，复破黄州，乘胜攻武昌未下，乃上破岳州，略靖江桥口湖阳。清武昌守将分援湖南，祥祯还师急捣武昌克之。东王闻捷大喜，遗石达开书曰："石氏三雄，龙虎豹备矣。"龙喻达开，虎祥祯，豹镇仑也。后天王命祥祯镇守西梁山以遏清军，会天京围急，回师攻清军大营，大败清悍将张国梁（张嘉祥），于七瓮桥生擒国梁置马上归，不幸中途反被张贼暗以利刃刺中要害，坠马而死。

石镇仑（约 1824~1854）　石达开之兄。从金田至南京，随军打仗，职位低微，听命检点、指挥约束。1853 年 3 月定都南京后，始封国宗。因能服众，打仗骁勇，6 月，遂受命将兵于九江一带。12 月，奉调回天京，随赖汉英出师扬州，攻三汊河有功。次年 1 月，奉命回京，赏穿黄袍。1854 年 4 月，与韦志俊进军湖南，败走湘潭，后连克常德、岳州、武昌等地。继而，又奉调回天京，再出师攻打兔儿矶，全军败散，石镇仑仅以身免。10 月又与韦志俊援救田家镇。11 月于半壁山一战阵亡，年约 30 岁。

石凤魁　石达开堂兄。粗通文墨，不司军务，从金田起义到定都南京均在石达开军中。1853 年 4 月封为国宗，曾与赖汉英出兵江西，攻南昌不克，败退回天京。1854 年 3 月，随韦志俊出兵湖南。奉命守汉口。7 月，太平军克武昌，加石凤魁提督军务衔，入总督署掌司号令，刚愎自专，众皆畏命。9 月，武汉失守，退走田家镇。11 月，东王杨秀清奏请天王批准，召回天京，以失武汉罪处斩，年约 40 岁。

石贵忠　勇猛能战，镇吉倚之甚重。后与镇吉被俘于思恩遇害。

石镇常　镇吉之弟。1860 年 3 月攻打百色失败后，战死于距百色不远的塘茶地。

石镇发　石镇全　石镇吉之弟。百色兵败，与镇吉俱走庆远，途中为土司所俘获，遇害。

石镇吉　石达开族弟。从小精习武艺，他年仅 15 岁时，就跟随石达开赴金田团营，随后一直跟着石达开征战，直至天京。他武艺高强，作战勇敢，经历了长期南征北战的锤炼，从一个普通士兵逐步晋升为军帅、监军、总制。1853 年，石达开奉命西征，石镇吉跟随石达开在长江流域各省作战，立下赫赫战功，先后擢升指挥、检点。石达开离京远征后，石镇吉追随前行，忠心不移。石达开于 1858 年 2 月开始实施分兵"东进浙江"的战略，石镇吉受命与石达开兵分两路进军浙江。当时，石达开没有把独立率兵进军这个重要任务交给张遂谋、赖裕新、余子安、傅忠信、陶金汤、何名标等名将，却大胆交给了年仅 22 岁的石镇吉，由此可见他对石镇吉的倚重。从这时起，石镇吉就已经成为石达开麾下可以独当一面的太平军主将了。

石镇吉没有辜负石达开的重托，当 2 万清军在衢州被石达开部主力死死咬住时，石镇吉率领所部太平军，趁机绕过衢州快速北进，自龙游越清萌岭袭取遂昌，攻克松阳。然后顺流而下，攻破处州府城。接着，他与清军主力战于银场，连斩清军唐宝昌、马元镇、秦坤等将领，并率军乘胜追击。而后又连克缙云、永康、武义、云和、宜平等地，兵锋所指，势如破竹。正是这一系列的胜利，使得清廷阵脚大乱，慌忙从四方各地调兵遣将以拒石镇吉部太平军兵锋。至此，石达开成功地实现了扰乱清王朝的军事部署，迫使清军撤出不少围攻天京的兵力，从而达到减轻天京防守压力的战略目的。如果不是因为杨辅清部太平军在洪秀全的利诱拉拢下突然撤离战场独立行动不再接受石达开指挥，导致围攻清军的太平军兵力不足，致使石镇吉部太平军有孤军深入的危险，以石达开部太平军当时锐不可当的兵锋，完全可能在短时间内开辟出一个新的闽浙根据地，从而与天京外围连成一片，互为声援。假若如此，天京长期被围困的局面当可改变。这一战，刚满23岁的石镇吉功不可没，之后，石达开加授他"协天翼"的爵位。

洪秀全调离杨辅清部后，又千方百计地间离翼王石达开的部众，派人封官许愿，拉拢石镇吉。石镇吉素有大志，于是经常与翼王分队。石达开知悉此事，仍然遵守《五言告示》的诺言，不予追究。石镇吉也感佩翼王之意，所部一直奉翼王所部旗帜，至死不渝。之后，石镇吉虽然独立率部与清军作战，但仍然听从石达开号令，一直努力配合石达开部太平军主力征战。

1859年5月，石达开部太平军围攻宝庆府，石镇吉也率部自广东连平入湘境予以配合。他先是与翼王右四旗大军略何名标合军，攻克永明县，接着又会合广西壮族领袖罗亚海起义军攻克江华县。当时，由于石达开部太平军久攻宝庆不克，全军逐渐处于被动，在敌强我弱、会战败局已无可挽回的情况下，为求保存实力，石达开决定撤入广西休整，开始部署退军，将大军陆续汇集湘桂边境的湖南东安一线。石镇吉也率领所部撤离江华、永明，于1859年8月初由龙虎关进入广西恭城、兴安、平乐境内。一路上，石镇吉部队高擎翼王部属协天翼锦旗，号称数十万人马，声势十分盛大。广西地方官吏都以为是翼王石达开的大军，纷纷派兵围追堵截。在石镇吉部队的掩护下，石达开部太平军得以从容退入广西。

第二节　石镇吉在桂北

石镇吉侦知广西平乐府驻守清军被清政府抽调出征，城内没有多少清军防备，遂率部偷袭。不料其所获情况有误，广西布政使蒋益澧已经带兵先期到达平乐府城。石镇吉率军到达城下，清军紧闭城池守御，石镇吉部攻击不利，随即退兵。后又侦察到省城桂林清军守备空虚，石镇吉遂率领全军由兴安、灵川进逼桂林城下。广西巡抚曹澍钟急忙命令布政使蒋益澧率兵抵御，灌阳一战，被石镇吉部打得大败。清军顺导胡铮不知所终。

18日，镇吉等乘胜围桂林省城。综合地方志的叙述是：城中兵力才千余，唯多火器，复有自梧州运3000斤大炮者，镇吉等为所苦，多死伤，退10余里，分屯城西、南、北三面，城东水道独不能断，曹澎锺亦檄蒋益澧回救，两相持，不相下。益澧乃变计，令革职知府潘家馥等分水旱两路，累以火蛋等夜劫镇吉大营，镇吉等凡六攻城，皆不克，士马皆惫，何名标等皆自拔队他往，8月15日，湘军萧启江万余人复至，镇吉等与战南门、文昌门，多不利。30日，解桂林围，走永福、永安。或曰，镇吉实未大挫，闻援至而先却，萧启江惧误期之罪，乃更饰词，以大捷奏闻。

桂林，是古代近代兵家必争之地。古诗曰，千峰环野立，一水抱城流。桂林山城扼据南北要津，为历代广西首府，经济文化中心，因循地利设防，石城坚固，依山傍水，易守难攻。除东西南北城门外，尚有文昌门、定桂门、水东门、东镇门、猫儿门、行春门，10余座城门宛如铁链相接，铁环相扣，首尾相连。城高

2 丈，全为大块青石砌就，严丝合缝，城堞箭楼炮台密布，城头上可跑马，可行车；击东则西应，攻南而北援，是一座固若金汤的古城。

据地方史籍记载，我们来还原当时的战况。

当时桂林城中清军兵力仅千余人，从地方志记载的史实分析，当时桂林清军守军兵力薄弱，且战斗力不强；但另一方面，守城清军凭借桂林城四周用青石垒成的坚固城墙，且拥有很多火器，后来又从梧州运来 3000 斤重的大炮，这是其可恃的一面；而石镇吉部太平军虽然人数占优，却缺少攻城的利器和手段；攻守双方各有所长。太平军攻城时，遭到守城清军大炮轰击，死伤不少，被迫撤退 10 余里，分别屯军于城西、南、北三面，但唯独没有断掉城东水道。曹澎钟急忙下令蒋益澧率军回救，两军大战多日，相持不下。蒋益澧于是改变策略，命令潘家馥等清将分兵从水陆两路，不断用"火蛋"等武器夜袭骚扰石镇吉大营。石镇吉率部连续 6 次攻城，都没有攻下，人疲马困，军心动摇，其部属何名标等将领均自行率部离开。

这时，湘军萧启江 1 万余人援军赶到，石镇吉与清军援军在南门、文昌门外多次交战，都未能取得胜利。在战局僵持不下，形势变得不利的情况下，他率部撤离桂林外围，进驻永福。11 月初，石镇吉率部进入永安州境。当时永安州城被天地会张高友占据，石镇吉为了避免与之发生冲突，率部绕过州城，"所有州属墟市村舍庙宇均皆驻扎，几无隙地，其露宿郊野者亦复不少。"数日后，他便分兵翻山越岭经修仁、荔浦，进入象州、武宣。11 月底，石镇吉率部进驻宾州，逼走当时占领宾州城的大成国隆国公黄鼎凤，并驻扎宾州，在此过年。石镇吉撤离桂林后，石达开也率部由义宁经融县直扑庆远府城。从此以后，石达开并没有与之配合作战，而是率部去攻打庆远府，以求得一个喘息的根据地。

关于石镇吉部太平军围攻桂林之战，史家历来有不同的说法。广西巡抚曹澍钟《奏报石达开大股南窜省城解围情形摺》中这样报告桂林城下的战况：臣等"督率在城文武，挑选精锐，或轻师出袭，或左右环攻，夜乘大风抛掷火箭，喷筒，延烧贼巢，水陆均设伏兵，以备夹击。又出示宣谕，悬重赏以购逆首。萧启江苏凤文等督军长驱直进，分途围杀，列营北门，逼近城屯之后。参将萧荣方等自柳州管带（火赤）勇来剿，在石门洞大破贼兵。九月初四，该逆石达开畏避义宁，余贼惊恐，萧启江所部由南门，文昌门分头进剿，与蒋益澧等水陆兜击，擒杀无数，贼众遁回西路，初十日，全由南路溃散，城围已解。查知该匪遗弃辎重分路奔窜，并据传闻石逆复自义宁折回，拥众混逃，釜底游魂，难稽显戮"。

而《文宗显皇帝实录》载："（清军）或轻师出袭，或左右环攻，夜乘大风抛掷火箭，喷筒，延烧贼巢，水陆均设伏兵，以备夹击。又出示宣谕，悬重赏以购逆首。萧启江、苏凤文等督军长驱直进，分途围杀，列营北门，逼近城屯之后。参将萧荣方等自柳州管带（火赤）勇来剿，在石门洞大破贼兵。九月初四，萧启江所部由南门，文昌门分头进剿，与蒋益澧等水陆兜击，擒杀无数，贼众遁回西路，初十日，全由南路溃散，城围已解。首逆石达开，拥众溷逃，釜底游魂，难稽显戮。"这两份史籍都记载了桂林之战的情况，但是，两者对史实的记载实际上却又有很大差异。根据曹折的内容，石镇吉部太平军攻打桂林期间，石达开根本没在桂林露过面，直到太平军撤退之日，也仅是"据传"他"自义宁折回"而已。但是，《文宗显皇帝实录》中略去了"石达开畏避义宁"及"据传"几个字后，这段历史就变成了石达开亲自指挥了整个桂林攻城战，最后"拥众溃逃"了。

《平桂纪略》却记载不同："石达开陷据义宁。记名按察使刘长佑营灵川以备之。贼知楚军踵至，悉遁走。九月初十，贼目陶金汤窜阳朔，石镇吉窜永福，石达开由永宁走融县，省城围解，而贼愈滋蔓矣。"

《临桂县志》载："（七月）二十九日，（石镇吉）由兴安犯省城……荣芳远在柳州阻于贼，益澧以八月初二至，省勇多疲病，人皆震恐。调北城外崔大光等，率勇出文昌门击贼，勇众争先，火药泻地，烧死勇丁，轰塌城楼，城门不能闭，昇尸出城，仍复固守。受火伤归营者，沿途号呼，伤心惨目。时方黎明，贼不知所为，疑不进，城之不破，亦天幸也。九月初二日，石镇吉解围走"，"石达开恐失镇吉，从之驻义宁。按察使刘长佑屯灵川以遏之。镇吉见楚军大集，又闻达开至，遂拔营窜永福，石达开亦由义宁窜融县"。

两相比较，清将奏报朝廷的战报和《文宗显皇帝实录》与地方志的记载存在明显区别。从历史事实分析，清将的奏报和《清实录》所载显然是清方官兵惯用的虚报夸功之言，两份地方志的记载倒是相对接近事实一些。事实上，石达开部和石镇吉部太平军都没有受到多大损失，而且都是主动撤离，率军攻击进入广西腹地的，清廷勒令清兵阻止石达开进入广西腹地的部署落了空。"省城围解，而贼愈滋蔓矣。"况且，当时桂林清军兵力十分空虚，战斗力不强，只是石镇吉未能知悉此情况，没有趁敌混乱发动攻击，桂林城才侥幸没有被太平军攻克。然而，既然清军在桂林防务如此空虚，为什么石达开没有采取行动，协同石镇吉部趁清方省城空虚而一举攻下桂林呢？

根据清朝官方文献记载，太平天国起义发生后，特别是太平军冲出广西北上后，驻守广西清军也尾随追击，造成广西各地清军力量空虚。以天地会为领导的各族人民大起义乘势风起云涌。但太平军北上以后，清军和各地团练联手，对各支起义会党队伍围剿，加上会党内斗，很快处于革命低潮。

桂林时为广西首府，是当时广西政治、经济、文化中心，有比较充足的钱粮和军事物资。如果能攻下桂林，石达开部太平军将获得大量军械和物资补充，同时，对广西各地的起义军也是一个极大的精神鼓励。

石镇吉从永福进军，即以偏师走中渡南下。清同治九年修撰的《象州县志》下卷云："咸丰九年己未，南京贼党石达开领贼回乡，以万余人由修仁至大乐，渡河西扰六社等村；以万余人由永安翻山走庙王墟，南扰和生等村；又以数千人由中渡走鹿寨至运江，东扰麻塘等村，至城会合艇匪。"

地方志的一家之言，固然不足为凭，但石达开回师广西，本是宝庆会战失败之后的无奈之举。他的本意是想在广西寻找一个休养整军的据点，而桂林显然不是他的最佳选择，因为他不愿过早地引起清廷的注意。于是，当他得知石镇吉率部围攻桂林时，并没有与之共同进攻桂林，夺取省城之意。他只是占领了兴安、灵川两县，屯兵严关、大溶江一带，北拒湖南追击之敌，西南两面则防御桂林之敌与外界清军的夹击，与石镇吉部形成互为声援的掎角之势，为石镇吉部作侧翼掩护。

当石镇吉桂林撤围，石达开也顺势率部由义宁经融县直扑庆远府城。太平军从桂林撤围后，石达开部属陶金汤独自率军万余人自桂林南下，经阳朔、荔浦，与活跃于修仁、永安之间的天地会首领张高友联合，并于9月16日一举攻克永安州城。接着，分军"驻东平里大塘村。每逢三、六、九日，高搭一台，（陶金汤）亲身宣讲伪圣谕"，宣传太平天国的主张。不久，张高友觊觎陶金汤部资财，乘其不备，杀害了陶金汤，"尽掠所有"，并逼迫其部众归他统属。陶部太平军不愿跟随此奸贼，遂翻山撤走，游移于平南、藤县、昭平、富川等地，"屡为团练截杀"。1860年1月，陶金汤余部转入湘南、粤北，"为官兵奸擒几尽"。陶金汤是石达开手下的著名战将，回师广西不到半年，由于叛徒的叛变，其本人被害，他的队伍败亡殆尽。陶金汤曾与石镇吉、赖裕新并称石达开麾下三大名将，他的被害和部属的覆灭，对石达开太平军而言是一个重大而不可弥补的损失。

第四章

石镇吉在桂南

第一节　石镇吉在宾阳

石镇吉部太平军于 1859 年 11 月底占领宾州城，接着分兵占领迁江、上林和贵县等地。大成国隆国公黄鼎凤部属澄江（上林）知县李锦贵投奔石镇吉，石镇吉在上林建立了政权，封李锦贵为澄江县"大令"，又分兵进入武缘（武鸣）县境内。

石镇吉部太平军深入桂南，给清朝广西地方官府的统治以猛烈的冲击。时广西巡抚刘长佑奏报清廷说："（石镇吉）流毒千里，破大小村寨凡千数计，官兵应援不及，益肆猖狂。"如石镇吉攻打古辣，民间口述史料不少。

石镇吉为什么要攻古辣，民间传说纷纭，但有一点是可信的，古辣村为宾州、永淳交界处地主阶级的反动堡垒拥有武装力量，而且气焰嚣张，石镇吉要占领宾州，就必须消灭这股反动势力。在战争中，石镇吉的确进行过屠村，当中自然错杀伤害了一些无辜的村民。

在饶任坤、陈仁华主编的《太平天国在广西调查资料全篇》中，对石镇吉部队在宾阳的活动有生动的叙述。

例："石达开军队大多讲北腔，村里的人听不懂，称他为啰啰军。"（宾阳县芦圩镇卢士辉述）

"石达开军队叫啰啰军，他们多是外省人，讲起话来，只听到哩哩啰啰，没有人听得懂。"（宾阳县芦圩镇蒙世尧、张开金述）

笔者认为，石达开率领的部队，原来以广西人为主，经过10年征战，已所剩无几，大多是三江两湖人，他们的语言与广西讲白话、壮话地区的群众不能相通，所以宾阳一带群众称石达开军队为啰啰军。"传说，啰啰军来宾阳时，不抢东西，不拉夫，还保护耕牛，宾阳有人向他们捐献粮食肉类。"（宾阳县新宾镇孔令启述）

"啰啰军来时，我祖父刚十二岁，捧花生卖，因言语不通，啰啰军不知道价钱，买了花生随手给钱，卖完花生，一算总账，还是有钱赚。

听祖父说，啰啰军士兵如侵害了老百姓，即写一张小旗子插在脑背，游街示众。"（宾阳县新宾镇陈大瑄述）

"听九十岁的老公公讲，啰啰军来时，老百姓以为贼来了，慌慌张张逃跑，有些人抱着小孩跑不动，就将小孩扔在大路旁，小孩呀呀哭，啰啰军拿禾草给小孩垫坐，又给他吃。（宾阳县大桥曾炳剑述）

"啰啰军到芦圩，住老百姓家，凡有百姓住的房间插条小旗，士兵不准入内。

啰啰军到处买马，有一些老百姓将自己饲养的马卖给他们，

都按价付款。"（宾阳县芦圩镇伍植甫述）

"啰啰军到芦圩时，想在我曾祖父家住，见大门紧闭，不敢敲门，天又快黑了，我曾祖父知道门外有啰啰军，就开门请进。他们和我曾祖父家相处得很好，我曾祖父爱好二胡，啰啰军中有一位将官和曾祖父住两隔壁，与曾祖常玩乐器。"（宾阳县芦圩镇李瑞劳述）

"啰啰军来时，我们村是个大村，住十几姓人，听老人说，当时全村有一两千人。村里的蒙朝善，是宾阳鼎鼎有名的大财主，他捐了一个成均进士。宾阳修筑城墙时，县官要他做总管，他营私舞弊，把筑城的砖运回村里，筑了一道牢固的围墙，啰啰军进军宾阳时，邻近各村的财主都逃到我们村来避难。啰啰军围村时，村里集中了一千多打手，拼死抵抗。我家祖辈相传，印象最深的有一点，说村里有门大炮点不响，直到第二天才响。"（宾阳县芦圩镇蒙尧述）

"听老前辈说，旧时古辣人丁兴旺，约七八千人，号称万人，仅陈村就有三千余人，圩场比芦圩还大。古辣财主多，功名多，当官的人多，养了几百名打手。咸丰年间李登瀛是个进士。我祖父陈仁修是古辣十三将中的一个，宾州府官请他们两人带兵守城。后来说他们两人杀贼有功，官府为他们立了一个'受功'碑。"（宾阳县义陈乡陈济岳述）

"道光、咸丰年间，我们古辣有功名的人多，有三四十名。几个村都发了大财，每村都有大批土地出租，最少的也有几百担租谷收入。陈村最富，年收租谷一、二千担。

"古辣陈、李、蔡、虞四村，出了三个著名的打手，武功高强，以一当十，非常烂打。旧时宾州地方不宁，有一年，州城被覃均成带几万兵攻破占领，州官逃到白岩村，过后他知道古辣有一批善战的打手，即传令陈、李、蔡、虞村的人去复城。古辣人施展诡计，知道与覃均成众寡难敌，只能智取，不能强攻。欲要智取，首先必须智擒首领覃均成，才能使其全军溃散。于是他们就装扮成戏班子，进州城唱戏。果然，覃均成中计，出来看戏，当场擒杀。覃均成身死，部众群龙无首，城外又炮声隆隆，杀声四起，覃的部众不知真相，以为清朝派大军包围，在黑夜中四处逃散，州城便轻易收复。州官回城后，对复城有功人员嘉奖一番。"（宾阳县古辣虞九芝述）

古辣人见石镇吉部队已经过去又回头，事情不妙，一定来打古辣。于是村中四姓长老紧急会商，决定坚决顶住，誓死不降不逃，城门钥匙由四姓人共管，锁上四把大铁锁，一姓掌握一把钥匙，谁也不能开门逃走，要死一同死。

当时，陈、虞、李、蔡合共五六千人，得力的打手即有四、五人。十月二十八晚攻村，打了一天一夜，二十九日清晨破村。全村人几乎杀光，只剩下三五十人。"（宾阳县古辣虞九怀述）

"我们村里有一位花名叫三唎公的，他在石镇吉铲村时逃生出来的。我小时候，总喜欢听他讲石镇吉打古辣的故事。三唎公说，旧时古辣有陈、李、蔡、虞四条村，好几千人，村中有钱人多，功名多，举人两个，一个叫李国栋，另一个叫蔡伯高，他们武艺高，宾州没有人能打赢他。村里还有一千多打手，单陈村就有五六百个打手。这帮打手，曾经由陈秉忠等十三将带队去帮助州官光复州城立了大功，故清朝时，都称他们为'十三秀'。

黄鼎凤占领宾州时，曾打过古辣，不够古辣人打。四宝堂人也曾经打过古辣，也以失败而退。这样，古辣人愈加骄傲，谁也不怕。

石镇吉到宾州，粮饷发生困难，四出筹集。我们陈、李、蔡、虞都是富足人家，经常夸耀家有万贯，田地无边。石镇吉占领宾州时，就知道古辣是个银库，是一座粮仓，即派人来征收钱粮。当时，我们村不知道石镇吉厉害，总认为黄鼎凤都是我们手下败将，石镇吉算得了什么。于是抗交钱粮。石镇吉即派兵围攻。我们村有围墙，墙外有塘，只一条通道，一扇大门。我们把门封死，锁上四把大锁，四姓人每姓掌握一条钥匙。谁也别想逃出去。

石镇吉军队攻村时，十分勇敢，他们把死尸垒起来当掩体。炮火打崩了墙，队伍冲进村内，顿时我们四村人乱成一团，挣扎逃命，互相挤倒踩死的都很多。石军不顾一切，乱砍乱杀，古辣几千人被杀到只剩下六十多人。破村时间是旧历十月二十九日。石军在古辣驻扎了一百零五天，第二年正月十四才撤退。"（宾阳县义陈陈子向述）

"石军勇敢，把死尸垒起来爬墙破了村。石军血洗四村，塘水都染红了。当时正是隆冬季节，血水都结成了薄冰。村里大多数人被杀死。后来，四村人把十月二十九定为'悲节'，拜酒，我小时，亲自见过许多残废老人，他们都是当年伤残活下来的。（宾阳县义陈陈梦章述）"

"石达开军队作战勇敢，前面倒下去，后面的跟上来，输人不输仗，架人山越墙，古辣人再恶也不够他打，只打了天把时间就攻破。村里人硬不投降，不投降的就杀死了很多人。石军在古辣驻好长时间。"（宾阳县古辣虞九旺述）

"石达开部队撤离古辣后，古辣向刘村复仇，说刘村人去点水的。州官阮元寿因过去古辣十将复城有功，答应铲平刘村。刘村知道后，挑了几担银子去收买州官，州官见钱心软，不敢带兵铲刘村。"（宾阳县义陈陈济岳述）

第二节　石镇吉、石达开先后在上林及石达开在玉林

石镇吉、石达开先后在上林驻扎，但未见过面，石达开在玉林驻扎过。石镇吉在上林的日期大概是 1860 年 1 月至 3 月，石达开在上林、玉林是 4 月开始。5 月李锦贵死后的下半年就离开了。

据 1989 年版《上林县志》记载，咸丰七年（1857）八月八日，农民起义军李锦贵联合黄鼎凤、谢秉彝等，攻下上林县，杀知县杨培坤，改上林县为澄江县，自称明义军大司马，用太平天国年号。咸丰十年（1860）正月，太平天国石达开部将协天翼石镇吉封李锦贵为蹬江县大令。李锦贵率部取古蓬，杀县丞陈汝。四月，石达开由庆远过九土司，分二路：一至上林，一至武缘之阳圩。李锦贵迎石达开入兵上林城中。同年五月，石达开另部万余人由迁江过宾州，李锦贵往迎之。

咸丰十一年（1861），李锦贵迎太平军翼王石达开入上林县城，石达开加封李锦贵为"纯忠大柱国体天候"。三月，石达开率军至巷贤上团攻韦村，败。十一月，石达开由宾州经上林武缘至南宁，为团练截击，败。翌年五月，李锦贵病逝，起义军失败。清军攻占县城，恢复上林县建置。

饶任坤、陈仁华主编的《太平天国在广西调查资料全编》对石镇吉、石达开先后在上林及石达开在玉林也有口碑史料：

"那邪村是上林有名的富村，很霸道。村里有个举人温景书，

勾结官府打李锦贵、周二。那邪村筑有坚固围墙，墙外有塘，又
有炮台。李锦贵、周二曾攻打两次未破。石达开军队到上林，李
锦贵去联合石达开军队攻村。温景书闻说石达开派兵围村，心里
害怕，以为这回死路难逃了，他卜了几次卦，都是有凶无吉，更
加心慌，派人与石达开部接洽投降。温景书一面故作镇静，鼓动
大家顶住；另方面他假借外出求援，连夜逃跑了。大家见他溜
走，又气又恼，即把全村耕牛、猪、鸡、鸭宰吃。正当开餐时，
石达开军队发了几炮，正中餐厅，当即死伤很多人，其余往外
逃，那邪村便被攻下。"（上林县大丰乡莫比强述）

石达开在玉林的口碑史料：

"石达开军队在咸丰十一年三月，有好几万人，由横县百合
到怀南，三月十八日破良村，杀了几百人。

大贺村是一个很富的村，有许多存粮。全村有二三百人，有
几个头面人物，庞炆三六爷，是秀才，一切来往文书都出自他的
手。庞新业二十一爷，是捐班，出入官府衙门的人，办过练当过
团总。庞夏峰三爷，也是秀才，多计谋，村中大小事由他决策。
庞霸文七爷、卢连城五爷都是秀才。石达开军队知道大贺村有钱
有粮，便派兵攻打，打了五十六天没攻下，退了兵。后官府说大
贺村了不起，给村里一百多人立了军功，庞夏峰、卢连城受保
举，封了官。"（玉林市葵阳乡庞宏文述）

"当时，大贺村有两层防御，最外一层是竹围，荆棘竹林生长
茂盛，密密麻麻看不见房屋；里面一层筑了一道围墙，又高又厚，
十分坚固，村里炮楼上安放了十几门大炮，其中一门是石勾咀大
炮，威力大，每放一炮，能杀伤几十人，村年满十五岁以上的，都
要参战。石达开军队没有办法攻下，太平军包围大贺村时，用松

木、门板、竹条做木册，围住，然后向大贺村通令，是战是降，要
贺村回答。村中说话人庞炆三六爷回话大骂太平军，庞六爷是个秀
才，又是鸦片烟鬼，太平军围村日久，没有大烟抽便病死了。

太平军在北门挖地道，大贺村人也在里面对直挖，双方都可
听到挖土声，地道火药爆炸了，围墙没有炸崩，只有一块大石飞
到北帝阁顶上。"（玉林林市葵阳乡庞大颖述）

"听说攻大贺村那天，正是长荣圩街日，长毛围大贺整村五
十六天，攻村时，先下战书，最后才动刀枪。"（玉林市葵阳乡庞
大典述）

据大贺村庞香松1913年撰写的《世乱变志》记载，石达开
部队是1860年7月23日攻打大贺村。"此日用炮击死贼匪百余
命，贼遂周围搭厂卡堵住我大贺村，不容我村人逃出。至初八
日，贼又率众力攻，亦被我贺村炮击死八九十命……至初十日，
贼又起其全队尽攻我大贺，贼又被炮击死二百有奇。……至七月
廿四晚，本村粮食将竭，然后择本村有能者数人，杀出重围，四
面招壮丁攻打，贼见四面受敌，至廿六晚，方夜逃……杀死贼人
二万有余，全股尽灭。"（这个记载说2万有余显然夸大）

"长毛军经过良衣村时，良衣村的财主向长毛军开了几炮，
死伤了一些人。长毛军当即分兵包围良衣村，破村后杀得很惨。
（玉林市葵大乡庞大典述）"

"太平军由贵县木格、木梓去长荣、大贺村时，经过良衣村，
良衣村八十多个打手向太平军开枪，打死一些太平军。太平军当
即入良衣村，全村二三百人，除剩下姐弟两人外，全部杀光。

铲了良衣村，即向长荣圩进发，那天长荣正是圩日，赶圩的
人很多，听到长毛贼来，纷纷逃跑，有些人跑到大贺村，新流

村、新村、佛碑村的人逃到大贺村，帮大贺村打长毛。"（玉林市葵阳乡庞宏文述）

"传说石达开有一支部队，从横州百合到良衣村，时间是三月清明前后。石军到良衣村，良衣村人以为他们是土匪，全村几百人蜂涌出来拦截。石军下令攻村，破村后，全村五六百人杀得仅剩几个人。

石达开打了良衣村，就向兴业进发，先头部队到达大贺村，我们村有个姓庞的人开枪打死一个太平军，石达开部队命令停止前进，派一人骑马飞奔良衣村报告。石达开即派兵围攻大贺。石达开采取步步为营的战术，他们在村子四周用箩筐装满沙石垒起来作掩护，再围上一层木栅。又在思堤、蒋村、塘表等村安营扎寨，住了五十六天。每隔二三天攻一次村，燃炮开枪，擂鼓喊冲喊杀，弄得大贺村人心神不安，盲目开枪开炮，日子一长，村中粮药短缺。他们想出一条妙计，为不让石达开军队发现粮尽弹竭，就把墙泥用锅底灰染黑，伪装成火药，在炮位附近堆放得遍地都是；又用石头放在箩筐里，上面铺上一层谷壳，在村里抬来抬去，显出粮食丰富。实际上，当时村里几千人，什么都吃光了。如再围困久一点，全村人就饿死。

石达开部队在北门挖地道，用两副棺材装满火药，想炸开围墙。村子里有个来逃难的陆川商人，做铜锡生意，知道地道战知识，他建议说'他们在外面挖地道，我们就在里面对直挖一条地道，可以池气，减少爆炸力"。村里人照他的意见办，结果石达开没有把城门炸开。"（玉林市葵阳庞厚才述）

第五章

石镇吉在桂西

石镇吉部太平军在桂南的攻势，沉重打击了广西地方官府的反动统治，并有力地掩护了石达开主力部队在广西的行动。然而，由于没有处理好与大成国义军的关系，石镇吉部太平军在桂南始终无法扎根发展。相反，不断与大成国发生一些小摩擦。桂南难以生存，石填吉决定率部进军桂西。

第一节　石镇吉在平果山心圩

咸丰十年（1860）正月二十八日，石镇吉率部数万由宾阳入武鸣，武缘县贡生韦天桂率众在八塘局岜村欲阻，不敌而死，太平军在武鸣境内的危岙、谭猴、岙墟掠去男女各五六百人，长驱而至郡城，住二日后，直趋大路攻扑百色厅，队伍陆续过武鸣境，三日夜乃尽。

太平军过武鸣后，一路北上直扑百色厅，路过平果县山心圩时，发生了战事。

《广西市县概况》出版后，平果县果化镇山营村山心圩的群众对该书中的《石达开部回击邓正》一文提出异议，派人到县志办反映说该文记载与史实有出入，是石达开的部队杀了山心圩群众300多人，而不是山心圩人杀了石部300多人，希望县志办重新调查核实。为弄清事实的真相，笔者进行了实地考察，兹将结果公之于众，以期探明此事的来龙去脉。

一、有关书、稿对山心屠圩的记述

笔者查阅了《广西市县概况》一书，《石达开部回击邓正》一文载于741页，全文是："清咸丰十年（1860年）二月初六，太平军石达开部路过果化山心圩，圩上头目邓正率众以土炮击毙石部300多人，石部还击，越城杀邓部数百人，石军尸骨无人收殓，当地群众集尸于山心圩西部右江边合葬，后人称为'万人坟'，现有石碑记载。"

《可爱的百色》一书沿袭了《广西市县概况》的说法，在《太平军石达开部进攻百色》一文中（见该书131页）这样写道："咸丰十年（1860年）二月初六，石镇吉太平军路过果化山心圩时，圩上头目邓正率部众，用土炮袭击石镇吉太平军，杀死石部300多人。石部还击，击毙邓部众数百人，石部几经苦战，二月下旬到百色。"

正在撰写的《平果县志》在《重大军事纪略》的第四节《太平军过境》一文中，对此事是这样叙述的："咸丰十年（1860年）二月六日。太平军石达开部石镇吉以数万计、向桂西北挺进，路过县境山心街，墟人邓正为保为地方，不许石部过境，率众抗拒阻击石部，众寡悬殊，顷刻间石部攻人闸内，短兵相接，刀刃从事，男妇老幼遇难及邓部死亡者三百余口，事后邓正解囊毁业，将暴露尸骸雇人捡拾，埋葬共做一坟，在今山心附近河边，今人谓之'万人坟'。"

上述书、稿对屠圩一事记载不尽相同，从笔者调查材料来看，前二书与史实出入较大，后者基本符合历史真实。

二、笔者实地考察材料对屠圩的记述

1. 碑刻记载。1990 年 10 月 14 日早晨，笔者在 83 岁老人黄仁恒带领下，在村口山心小学附近约 50 米处的岑候庙残址处，找到了一块被残瓦污尘掩埋着的裂成几块但仍合在一起的平躺石碑，碑宽约 55 厘米，长 85 厘米，深 9 厘米，拂去覆盖物，字迹清晰可辨，无碑题，全文如下：

当思生则为人，死则为鬼，春霜秋露，孝子所以感怀，生我而有椎牛祭墓之事也。然而家乡万里，不尽狐首能归；野魂零星，谁则豚蹄是奉？生作异乡之客，死作异乡之鬼，良可悲矣。膝下非无儿女，而不知捐馆何方；墓前久断香烟，更安望归骸有日。清明至矣，钱化蝶而空羡邻家；中元至矣，衣结而终渐故我。流落飘零之惨在游魂荡魄，不更有甚于生人者乎？咸丰十年二月初六日，有匪首石达开路过山心，匪徒以致万计，墟人邓君讳正为保护地方起见，众与之抗拒，而强弱众寡相去悬绝，顷刻被攻破，入闸纵火焚烧，房宇立化为灰烬，无论男老幼以刀刃从事，计本圩外客罹其凶者共有三百余口，尸骸暴露山脚水涯，填溢殆遍。此场大劫，阴司定不容情，来生必有报复，而在当时则不胜昏天黑地之惨矣。邓君幸不在劫数之内，遂能拯在之冤于后，恻然动念，解囊毁业，将暴露尸骸一一雇人捡拾埋并，即今侧近河边坡地，基邱隔望如马鬃者是也，然口口以于我殡之义，白骨虽则含思，而摈以不其馁之，黄泉犹多抱恨。益拜扫之典九存，犹人有宇而仍缺饮食。必致庚癸频呼，光绪庚寅岁重修岑候庙告竣，缘首思往事，与父老相商曰："邓公当日殡葬遭劫诸君，尚未有拜扫资籍，见乱世至今，从今以往，异乡之故于是圩者，圩中人身后无子嗣，皆得与于斯典，此事可以举行否？"众口称"善！"随即开笔捐签，择圩中隙地无人管业者，收其租以助之，事既成，名其祀曰"不遗祀"。自举办以来，晨夕香灯不断，春秋祭祀不缺。异乡绝后之鬼，得以有所倚赖，洵可谓泽及枯骸矣。本年春仲，予偶有山心之游，盘口数日，适祀中人拜扫事竣，醉饮告退，乘间相竭，备述其事。兼求作序，予善其事，连书此以令垂诸石。

<h3 style="text-align:center">中书科中书宣化县学廪生雷先春谨序</h3>
<h3 style="text-align:center">义福堂助芳名列后</h3>

益记损钱五千文	丙申年收息钱六千文
悦昌捐钱五千文	丁酉年收息钱七千六百文
公盛捐钱五千文	戊戌年收息钱七千六百文
泰安捐钱五千文	梁东魁捐送香火钱五千文
李兴记捐钱二千文	盛坤捐送香火钱五千文
黎耀记捐钱拾文	严六贵捐送香火钱三千文

又补捐钱四千文，一百五十文福德祠原存会底钱三十千文，统共近来钱壹百千零三百五十文，支戊戌年十一月买吕仁拜、李姆催坡平畲地一块，钱拾二千文；又买吕仁拜、李姆催蒂陇田一口，钱二拾千文；支已亥年二月买黄日旦、黄亚心布空那客粮田七丘，钱伍拾千文。支通引父老钱五千五百文，支刻石碑钱四千一百五十文，统共支去钱壹佰千零零三十五文，支杂用钱七百文

亦在内，那客田每年纳粮钱叁百文，又纳公项钱壹百六拾五文，陆家翰送上本圩头屋地一幅，左右邻李宅、张氏送上果化圩中屋地一幅，左右邻张赵宅光绪二十五年岁次乙亥季夏口月下浣谷旦。

2. 口碑材料。10 月 14 日，笔者在抄完碑文后向围观的 20 多名山心群众进行调查。其中主要采访了以下 4 位对屠圩事件了解颇多的人。

黄仁恒，83 岁，汉族，操粤语，塾师文化。

梁乃汉，男，72 岁，汉族，操粤语，塾师文化。

梁乃挑，男，68 岁，汉族，操粤语，塾师文化。

农旭东，男，35 岁，汉族，操粤语，高中文化。

据他们反映，当时的情况是这样的：

当石镇吉的部队从平果向百色挺进之际，石镇吉派几人打前站，主力尚在几里路外的龙拉时，打前站的几个士兵已来到山心圩。山心是个有店铺屠行，人在数千的小圩镇，这天是咸丰十年（1860）二月初六，恰逢圩日，山心人喊马嘶，赶圩人云集镇上，叫卖声、讨价还价的吆喝声使圩场成为闹市。这时，打前站的太平军往集市中打探道路，并向屠宰行的屠户征收每头猪四块钢洋的税，屠夫们不愿交钱，说："你们来问路，为何还要收这么高的税？"与太平军吵起来。前站士兵因军务在身，又是奉命征集军资（有人插话说是贪钱私下征税，恐不尽然），眼看难以完成任务，于是也发了火，强硬地说："不交不行！"双方越吵越厉害，导致最后拳脚相向，打了起来。屠夫们人多势众，将太平军带到当地头人邓正处裁决。邓正是山心人，由于他当时不明太平军底细，在处理打架问题上偏袒了屠夫一方。太平军气愤异常，扬言说："等我们回去喊来大部队，如果赔礼道歉则罢。否则杀你小鸡不剩一个！"说完气冲冲跑回龙拉搬兵。不久，大部队从村口唯一通向百色的通道亚关涌来。邓正见兵临城下，急令关上进圩闸门，并传令圩人用破犁铧打成碎片灌入土炮中轰击太平军，还亲自率人用粉枪阻击入圩部队。土炮土枪响过，太平军仅死伤几人。石镇吉见通道被阻，邓正竟敢以土炮粉枪相向，于是令士兵攻闸门。先焚毁闸门，然后进圩中，出于报复心理，他们逢人便砍，见人就杀，还纵火烧毁街上房屋，一时杀声震天，惨呼号哭者遍于街中。屠圩过后，尸体摆满了村西山脚右江岸边坡地一带。坡地中间有一凹谷，形如翻放马鞍。鞍南侧是亚关，鞍北侧叫布阳，据推测，尸体是按远近从村中西部的西南、西北两个方向运下来的。总计本圩和外来赶集的人遭杀者有 300 多人。太平军伤亡不多，因为圩人无作战经验，仅用土炮打，粉枪射，来不及再填装火药，就被太平军攻破闸门。所以，太平军死伤大概只有几人。为何伤亡不大而石镇吉又要大开杀戒呢？因为一则打前站的征军资未果，二则通道受阻，事关整个军队的生存与总的会师石达开于黔川的计划的完成，当然石镇吉就大开杀戒了。当数万太平军进入山心，稍事休整后，便继续北上百色了。邓正侥幸得免一死，事后出面埋葬死者。尚有家属亲眷的死者，就由他们的亲属掩埋；外来赶圩死难者和全家斩灭者，由邓正"解囊毁业"，将暴露尸骸一一用人捡拾埋葬。墓地就在沿河边坡地稍平处的亚关和布阳。两地相隔一大沟，约 200 米远，即前述凹形马鞍处南北侧。坟以长形垒起于亚关和布阳二处，大致处于同一水平线上，遥相对峙，远看形如马鬃隆起，故碑文说坟地"即今圩侧近河边坡地，基邱隔峙望如马鬃者是也"。

时届光绪二十五年（1899），山心圩寨老头人与众商议，将原村中的福德祠改为岑侯庙，将庙之右廊安神龛供奉死难者亡魂。村人自此多到这里祭祀。每年清明节，村人还到亚关和布阳两个大坟堆去烧香纸，以安慰孤魂野鬼，祈求保佑家人。据黄仁恒老人说，他家一直都按时上坟，到土改时庙产租谷收不上来，大型的烧香祭祀活动才停止。

这一年，宣化县学廪生雷光春到山心游历，受乡亲们之托而为庙作序。据笔者调查，山心人多是外来客民，最早的是宋代随狄青平侬志高时来的，如梁乃挑、梁乃汉兄弟的祖先就是随岑怀远（又叫岑仲叔）将军从山东来的，岑侯庙的修建就是为了纪念岑大将军。另外，还有大部分是从宣化来的，宣化治所即今南宁市（1913年才改为南宁），无怪山心人90%以上皆操粤语，这与祖籍宣化大有关系。如83岁的黄仁恒老人原籍就是宣化县的。可见雷先春与山心人的关系，是祖籍相同的关系，他来山心游玩，很大程度上是认亲或走亲戚。他写的序文是在1899年，离1860年的山心屠圩事件仅38年，应该说其记载是比较真实的。

三、笔者对山心屠圩事件的初步看法

首先，《广西市县概况》一书中对山心屠圩事件的记载是值得商榷的。文中载："圩上头目邓正率众以土炮击毙石部300多人。"《可爱的百色》文中说邓正率部"杀死石部300多人"，此论无以为证。因为碑刻只说："计本墟外客之罹其害者共有三百余口。"也就是说，山心死于屠圩事件者加上外来赶圩被杀者有300多人，这里的"外客"当不是指太平军，因为雷先春行文是站在维护邓正这边的立场上，称太平军为"匪徒"。如果是太平军死，他的笔下绝不会用"外客"二字来称呼，此其一。其二，

太平军攻打百色厅时，兵力数万，那他们未抵鹅城之际其兵力数应当不会更少，依此看来，当年兵临山心，石部人马确在几万，以小小山心数千居民和赶集群众，怎能与数万军队抗衡？况口碑资料载，圩中只有土炮一尊，粉枪数条，无专门武装力量，只靠乱世防匪的几件简陋的武器，要打死太平军300多人，战斗应持续很久时间，至少几个钟头，但石刻说"强弱众寡相去悬绝，顷刻间被其攻破"。可见，邓正为首的山心街民没有时间也没有条件去打死300多名太平军。

文中还载："石军尸骨无人收殓，当地群众集尸于山心圩西部右江边葬。"这种说法也难使人置信，首先"万人坟"中并非全属石军尸骨。笔者认为，太平军死伤是有的，但为数不多，一声土炮响，最多死伤数人，粉枪换药需要时间，这对于顷刻攻入闸门的太平军来说，邓正召集的外人是无战斗力的，不堪一击；其次，雷光春对死者是抱同情态度来写的。他说："此场大劫，阴司定不容情，来生必有报复。"这是用佛道因果报应说来看待这件事，意思是太平军杀人太多，造了孽，来世定然遭这些冤死的人报复。雷光春把此次屠圩看成是浩劫，"邓君幸不在劫数之内，遂能拯在劫之冤于贼退后"。可见，所谓"在劫之冤"就是那些被太平军"悉以刀刃从事"的"男妇老幼"，回忆这些"本圩外客罹其凶者"。雷先春认为，惨如"昏天黑地"，至使邓正也"恻然动念"出资埋葬。可见，万人坟中并非石军尸骨，即使有，也为数寥寥。"万人坟"决不会为石军尸骨而设立的，如果里面埋的是太平军，何有"在劫之冤"一说？雷先春也许不会说太平军死得冤枉吧？

第二，"万人坟"是指两处而不是一处。如前所述，一处在亚关，即今天的山心电灌站坎上的香蕉地平台上；一处在布阳，即今天山心圩菜地附近，两地相距约 200 米，此论可以近年出土的尸骨为证。据几位被调查的人说，1976 年在亚关附近的右江边的万人坟傍挖地基修建电灌站，曾经挖出许多头盖骨和腿骨等；1989 年山心小学承包荒地开垦，掘开亚关和布阳等坟地种芭蕉，都挖出一些人骨来。1990 年 10 月 14 日中午，笔者在 83 岁的黄仁恒老人带领下，亲自到亚关和布阳坟地考察，亲眼见到芭蕉在坟地上长起来，如果按碑刻记载想象，亚关、布阳两地皆处江边，隆起土包，很像长形立于马脖的马鬃，无怪碑中说万人坟对峙"望如马鬃"。

再说土沟横于两坟之间，每边有道通于村中。当时尸体抬下来堆放，当然择近道走，村北往布阳近些，南往亚关近些，这就是埋为两堆的原因。笔者曾提醒说："是不是太平军和被杀群众分开埋？"山心群众异口同声否认，说："山心人有后代的，事发后便各自拖埋了自己的亲人，老辈也没说把太平军与其他人分开埋。"黄仁恒还说，他们家向来对二坟一视同仁，他自小就在清明节时来两坟地烧香纸，先到亚关，后到布阳，一直持续到土改结束。近年来，他们黄家 4 代人轮流来祭墓烧香纸，每年轮一辈，以祈求家人平安。

第三，山心屠圩事件是石镇吉部报复屠宰行屠夫和邓正关闸封路的行为所致，邓正对此事负有不可推卸的责任，但石镇吉所部太平军滥杀无辜，也是一大错误，必须予以指出。

可以肯定地说，山心屠圩的受害者大多数是行动迟缓来不及躲避战乱的群众，邓正能"幸不在劫数之内"恐怕也是跑得快些，否则也早成了石镇吉军队的刀下之鬼。这场屠圩事件本来是可以避免的，如果邓正主动开闸放太平军过境，事情或许不至于闹到这个地步。从阶级分析观点看，邓正身为街长，是个富裕的圩镇头人，有权有势，属于地主阶级在基层的代表，受阶级和时代的局限，不可能从农民革命军的利益着想，而让与他的屠宰行作对的太平军进村。再说，他对当时的太平军也是所知甚少，更没有看到过这么庞大的军队来过。在咸丰初年，山心一带曾有过游勇活动，但也是小股出没，如咸丰元年（1851），思恩州人凌亚东往来果化州的河江中沿江"蔓扰"，清总兵谷韫灿、署同知朱启元于这年润八月击溃凌亚东于山心圩，并"烧毁其穴"。（见平果县志办新修《平果县志重大军事纪略》打印稿）这件事有可能给邓正留下很深印象，所以当太平军在10年后经此地时，他以为兵乱又至，想关闸以图保圩。但太平军非游勇可比，作战能力之强是邓正所料不及的，他的关闸无异螳臂挡车；他的土炮粉枪无异以卵击石，最后是以300多名街民集客丧生而告终。邓正应对屠城事件负重要责任。

但是，屠圩被杀的300多具尸体，毕竟大多是倒在太平军的刀下，勿庸讳言，石镇吉所部太平军犯了严重的滥杀无辜的错误。纵观进入桂西的太平军的行动，不看难出，此时的太平军已难比昔日金田起义时的纪律，在今田林县境定安镇（旧西林县署），咸丰十年三月石镇吉部下曾广依部就又杀了几千人（见拙作《曾广依定安屠城原因初探》，载《学术论坛》1986年第二期）石部滥杀无辜，一是部队首脑素质下降，无法冷静处理问题，小农的狭隘性使其眼光日益短浅，心胸狭窄，报复心理特强；二是部队入伍者成分不纯，鱼目混珠，贪污中饱私囊者在所难免（黄仁恒老人说，打前站的太平军就是为了贪钱才向屠户征重税的）；三是太平天国处于后期，中外反动派联合起来，农民革命阵营形势每况愈下，石部亦变成了流动作战的惊弓之鸟，故一旦遇阻，定然全力以赴，山心屠圩事件不能不算是夺取生路的大拼杀。

我们指出太平军有滥杀无辜的错误，并不等于说他们不该反击邓正的封闸炮击行为。焚闸夺路无可指责，但"无论男妇老幼，悉以刀刃从事"就不可取了，作为旧式农民革命中的太平军，我们不应以今天的眼光去苛求他们要有红军一样的纪律，更不能用曲笔去隐瞒他们所造成的严重屠圩后果。写史撰文，都应以历史主义的观点，本着实事求是的态度去反映历史的真实。

第二节　石镇吉在田阳与百色城

一、石镇吉太平军在田阳

咸丰十年二月中旬，石镇吉的数万部队在平果山心屠圩后取道田东抵达田阳，田阳称田州，属土司土官管辖之地。因为田州的改土归流比较迟，到光绪元年（1875）才开始，置恩隆县，治所在田东县平马圩，所以当时在任的土官是岑裕基、岑铭父子。当太平军数万尘烟滚滚自南而来时，吓得岑氏父子胆战心惊，为从长计议，他们决定进贡马匹投降。当石镇吉的部队抵达田州，岑氏父子挑好马献降。石镇吉前行于军中，见而大喜，即传令部队不准搜扰田州土官土民。于是老百姓没有因大兵压境而恐慌搬逃。不料，中队人马不听命令，捉了1000多男女乡民。石镇古得知此情，火速传令将已捉乡民尽行释放，如有私匿一人者斩。各队俱遵令放回乡民。继而由土官岑裕基带路前往攻打百色厅。百色守城清兵将官得知岑裕基引兵前来，于是一面坚守，一面由百色厅同知陶兆恩悬赏购岑裕基的人头，不久果然有人斩其首，官方以岑裕基之头示众。

二、石镇吉太平军攻打百色城

咸丰十年二月十四日，石镇吉、石镇常、石镇发、石镇全及石家的外甥黄贵生和宰制曾广依率众数万由田州直攻百色厅。百色厅同知陶兆恩、右江镇总兵富顺、署中军游击马东旭等惊慌失措，马上下令全城戒严，悉力固守待援。战讯传出，清署镇安府知府兴福、镇安协副将瑞保、凌云县知县余尊衔、凌云团练头目吕宗仁等分别从德保、靖西方向和凌云方向赶至百色增援陶兆恩和富顺的人马。内外夹击，太平军久攻不下。

百色城是咸丰四年由百色厅署同知庆龄捐修的，城基墙 8 尺来宽，周围长 129 丈，有 185 个垛口，俱以砖砌就。并在城外筑大码头和一座炮台。炮台石脚宽 7 尺，台周长 21.5 丈，外高 7.5 尺，内高 5 尺，炮台安有 13 门大炮。太平军从正面强攻均不奏效，遭到守城清兵团练猛烈的枪炮还击。于是太平军改变战术，二月二十七日，从城东门下挖地道，在墙基下用地雷炸塌 9 丈余宽的城墙，然后蜂拥而入。但是，老奸巨猾的陶兆恩、富顺等预于城内开濠竖栅，变为城中有城，太平军又受阻于横濠竖栅外。三月初二，太平军又组织攻城，他们以同样的方法在东南隅炸塌 6 丈余城墙，正待冲入，又被守城敌人火力压下去了。据说，为了对付太平军进攻，敌人还用百色城蔗园人熬的蔗糖汁浇爬墙来攻的士兵，进攻又一次失败了，至此太平军已损失数千人。

正在攻城不克之际，太平军内部又发生了一触即发的兵变。原来太平军路过田州时，中队湖北先锋馆私匿妇女一人，当时没有听从石镇吉的命令放回去。正好此人是田州土官岑铭的妻子。岑在中队放回的人中找不见被掳的妻子，十分着急，四处查而不见，便径到石镇吉的总指挥部大馆来报告。镇吉闻言大怒，四发箭300支，着令部下严加搜查。结果在湖北先锋馆搜出该妇。镇吉怒火中烧，当即下令将该匿妇先锋枭首示众。谁知此举触怒湖南湖北籍的官兵，他们认为镇吉是有意为难两湖之人，袒护广西之人，遂借此事煽惑士兵，并约同两湖之人私下结盟，准备刺杀石镇吉。事泄，镇吉大恐，只带得心腹亲随约1000余人星夜出逃，欲回安庆府与冀王合兵。内变发生后，陶兆恩又施以反间计，书写劝降告示用箭射入太平军营垒，使新依附的人纷纷军心动摇。有一个叫黄观碧的叛徒率领一些人逃出阵营降清，并把内部情况告诉了清方。于是，三月十五日守敌开始反攻，四面出战，连焚太平军营垒十数座，太平军中级军官郭炳文等70余名被俘，损失粮食器械很多。太平军被迫分路撤退。一些士兵沿途还被土司团练追杀。三月十六日，石镇常逃至塘茶村，被团总李汝昭用枪打死；石镇吉、黄贵生等率众行至安定（今都安匹夫关），因路径崎岖，被壮练头目潘凤岗在此设伏，连打仗5日，先锋死者殆尽，投红水河者不计其数，镇吉因被长针戳伤，也被擒拿，解至桂林死难。

第三节　石镇吉打百色的口碑史料

饶任坤、陈仁华主编的《太平天国在广西调查资料全编》有关石镇吉太平军攻打百色的口碑史料，对了解此次战斗具有重要的参考价值。

"咸丰末年，石镇吉取道百色入贵州，先头部队到达百色时，受百色护商队一百多人堵截伏击，便策马回头向大队部报告，石镇吉获悉即下令攻百色城。

护商队获取小胜就洋洋得意回城向官府邀功请赏。石镇吉攻打百色城时，挖地道破城，城里广东新会佬帮清军守城，探听城外挖地道，在城内也对直挖，使其炸不开。石镇吉见百色城攻不下，便下令撤围。"（百色市城关镇黄崇贤述）

"石镇吉攻百色时，百色已有不少烟铺，烟铺老板从武鸣、田州贩运回来大批烟叶，雇工刨烟丝，运销云南、贵州。那时城里的刨烟工就有上千人。石镇吉攻百色城时，清兵拉刨烟工守城，又从对河大湾征收黄糖煮糖油对付石镇吉攻城。石镇吉攻不破，派人化装进城，准备内应。因机密泄露，清兵搜杀了一百多人。把他们的尸体埋在一块，后来人们称它为"百人塚"，这坟塚我亲眼见过，现在已变平地了。

听说，石镇吉部下有一个姓麦的反奸，他把牛肉包裹在小腿上，过了几天，牛肉腐烂发臭，故意走不动。头人问他，他就露出小腿，让臭气熏人，说腿受伤，头人答应他请求养伤。后来，姓麦的去投降清军，落籍百色，没传下后代，他很会下棋。

石镇吉挖地道炸崩了城墙，进行了三次冲锋，第一次因清兵在崩口处架设有好几门大炮，石镇吉部冲上来，大炮齐发，石军伤亡惨重；第二次冲锋又被炮击退。这时清兵弹子已用完，急忙中，把铜钱集中起来，当弹子；第三次冲锋又被大炮击退。这时，清兵弹药俱尽，若石镇吉作第四次冲锋，就一定破城。但石镇吉连续三次冲锋都不成功，伤亡太重便撤围。其中一支取道天保，到靖西，进入安南，后来参加了刘永福的黑旗军。大部分队

伍想跟石镇吉到宜山。"（百色市城关镇蒙仙培述，其实大部分人跟随曾广依去了贵州）

"长毛打百色时，那毕峒人听官府说长毛是贼，要杀人抢劫，全峒人信以为真，都跑去百色城躲，连牲口粮食鸡鸭都搬进城去。长毛来时，队伍驻扎在那毕峒，主力驻高寨。长毛撤退后，大家回到村里，发现房屋里的东西原封不动，村里人才知道长毛是一支义军。

听老人说，长毛炸崩几丈宽的城墙，大湾谷姓帮清兵的忙，扛门板、桌凳堵崩口。过后，官府说他们帮清兵守城有功，有人封了官。"（百色市那毕莲塘梁逸昌述）

"大湾姓谷的是蔗园佬，是从南宁迁来的。谷姓有人当团总，长毛攻百色城时，献糖帮清军守城，清军说他有功，封他为贵州荔波、龙里的县官。"（百色市城关镇韦伯鸿述）

当年太平天国历史调查队在大鸿调查时，发现谷应贤的墓碑，碑上刻着："捐资出力剿除石逆股匪，刘抚宪恩，保州同……黔省苏抚宪委知荔波县、叠署龙里县。"与民间传说相合。

"石镇吉去贵州路过百色，百色官兵出城拦截，石镇吉临时改变计划，决定进攻百色城，严惩清军。他们在东门挖地道炸城，炸开了城墙，清军强迫刨烟工拆老百姓房子的窗、门板堵崩口。清军在现在的中山街架炮，用铜钱作弹片，开了好几炮，攻城军伤亡大，没有攻破。"（百色市城关镇韦伯鸿述）

"听说，长毛驻扎在城外时，战士用红巾包头，身背大板刀，他们在东城脚挖地道，晚上用脸盆点灯挖。城墙炸崩了没有攻进去。"（百色市城关镇谢亚妹述）

"石达开军队去贵州经过百色，百色守城清兵向石达开军队

开枪，打死了一些人。石达开军队决定攻百色城。清兵强令县城
附近的村民搬进城内。

石达开军队挖地道用棺材装火药炸崩几丈宽的城墙，因为蔗
园佬帮了清兵，搬木板门窗堵塌口，又煮糖油从城上往下淋，石
达开军队没有攻进城。"（百色市城关镇邹熊述）

"石镇吉围攻百色几十天，部队驻扎在城郊，在教门坟、鹅
岭等处筑有营盘，营盘中央树一面白色大旗，旗上写着'不投降
鸡犬不留'。

清兵在城头每隔二、三丈远设一锅灶，煮糖浆和生油，待太
平军攻城爬墙时，从城上泼下。"（百色市城关镇简光宗述）

"听老人说，石镇吉带几万兵，从南宁到百色，准备在百色
筹足粮饷再去贵州，决定攻占百色城。百色守军见太平军浩浩荡
荡开来，就紧闭城门。太平军喊守军投降免杀。攻了一段时间攻
不下就撤围了。（百色市城关镇黄炳章述）"

"石镇吉原想去贵州的，经过百色时，遭土司截击，石镇吉
才决定攻百色城。

守城清兵强令县城附近的老百姓连同粮食搬进城去，城外几
十里无人烟。石镇吉围城时间拖长，粮食得不到补给，招兵又招
不到。

石镇吉炸崩东门城，有一小部分人已冲入城内，由于清兵堵
住缺口，未能攻破，已攻入城的小部分人全部被俘虏，绑在城楼
上，逼他们向城外喊话，不要攻城，向清军投降。他们没有一个
喊话，清兵把他们都杀了，首级从城墙上滚下来，十分残忍。石
镇吉屡攻百色不克，粮食又发生困难，就撤围。一部分往西走，
一部分往东走。清兵见石镇吉已退兵，到处搜杀人命，抓到了人

就说是长毛贼、或通匪杀掉，连小孩也不放过。"（百色市城关镇卢琪述）

"听说，石镇吉攻百色时，有几万人马，守城清军有三四千，当时整个百色镇居民不及一万。"（百色市城关镇林松山述）

"石达开军队把我们莲塘村房子拆去高岭建营盘，营盘里面每天晚上烧一大堆火。听祖父说，我家老屋原是一间火砖大屋，也被长毛拆去建寨和做柴火。"（百色市莲塘黄国兆述）

"听老前辈说，石达开军队在百色驻扎了一个多月，官府强迫莲塘村人迁入城内，住在城隍庙，全村妇孺老少都住在一块。石达开军队见莲塘人跑光了，拆莲塘房子去筑营盘和当柴火烧。晚上，各营盘据点都燃起一堆篝火。"（百色市莲塘梁逸昌述）

"石镇吉攻百色城前，先在黄泥坡拜上帝，拜完就吹号擂鼓，列队攻城。他们在太子庙（今百色专署地址）设坊制造火药。"（百色市城关镇罗苏氏述）

笔者按：石镇吉、石镇常、石镇发、石镇全、黄贵生、曾广依等率太平军于1860年3月6日开始围攻百色，至4月5日解围，历时近一个月。同知陶兆恩会署右江镇总兵富顺、署中军游击马东旭率兵练固守百色厅城，署镇安府知府兴福、镇安协副将瑞保、署凌云县知县余萼衔等引军赴援。据刘长佑《截石逆余匪折》（见《刘武慎公遗书》卷二）称"该逆二月二七日及三月初二日，两次用地雷轰塌城垣十余丈，蜂拥而入。该文武预于城内竖濠竖栅，比督兵练，奋力迎拒，歼匪数千人，贼始却退"。又据光绪《百色厅志》卷四记载，"发逆石镇吉以地雷攻城东门，塌九丈余，东南隅塌六丈余"。石镇吉两次破城均未攻入，粮食发生困难。官兵乘机向石部分化瓦解，"该镇等出示解散胁从，射入贼营，随有黄观碧等逃出，讯知该匪等因城不下，自相猜忌残杀。该镇等乘其内变，益多纵反间。十五日四面出战，焚贼垒十数座。该匪败溃，死者不可胜计"。于是，曾广依率一部分走西林县、西隆州，渡红水河，径出兴义、贞丰、归化、定番。石镇吉、黄贵生等率部东走，欲折回庆远，路过安定，被土司截击，石镇吉被俘遇难，其部全军覆没。

石镇吉的过早被害，主要原因是内部出了问题。即他们路经田阳时"中队人马，将男妇居民，捉了千余"，其中包括已归降的前田州土知州岑鋐的妻子。石镇吉听说此事，要求马上放人，岂料岑鋐之妻并未回家，后来在湖北先锋馆内将该妇人查出，湖北籍先锋被"枭首示众"。先锋被杀，湖北兵甚是不满，准备密谋杀害石镇吉，同时也收到清军准备大举来犯的消息。石镇吉得知两个变故，后带上千余亲随，仓皇逃走。"带心腹亲随约有一千人，连夜由洪（红）水沿河岸而下，欲回广（西）庆（远）府，与翼王合兵。"

这一路，并不太平，清军和各地土司团练不断地对石镇吉发起攻势，石镇吉只能边战边走，最后到了安定土司的辖区。

安定土司早在得到石镇吉快要进入辖区的消息后，就点起精兵强将，于途中设下伏兵，以逸待劳。尽管石镇吉骁勇善战，是太平军中悍将，但终究人数少，土司埋伏众多，血战下来后，千余亲兵仅剩四五百人。好不容易到了八甫渡口，土司伏兵又杀出，疲惫和饥饿的太平军早已没有了斗志，一场混战下来，先锋营死亡大半仅剩百余人。这百余人最终被困山上，缺水断粮后全部死亡。石镇吉自己则带着中军逃到匹夫关。匹夫关前，石镇吉英雄末路，"求战不得，欲出无路，力穷粮尽"，连续战了 5 日后，太平军活着的将领士兵皆被俘，至此，石镇吉千余亲兵已全军覆没。

咸丰十年年底，石镇吉在桂林被杀，时年 25 岁。

置石达开于死地的是都安有名的土司关潘凤岗。

潘凤岗（1828～1887），名潘梧，清代安定司（今广西都安县）第十六任土巡检。卒于清光绪十三年（1887），时年 65 岁。他道光十五年（1835）继伯兄承袭官职。道光二十五年（1845），潘凤岗随思恩府官镇压各司之农民起义（如张嘉祥、大牛肠、苏尚基等）有"功"，"蒙赏戴六品蓝翎，赏摄下旺、定罗、白山司"和"督办思恩府九土司团练"，以及"摄土田州事"。道光至咸丰年间，司境大旱，颗粒无收，潘仍加征米粮，迫使上段、接学、城头之张孝、王绣球、卢兴、马昌基等人聚众反抗，攻占司治，潘携带眷属逃至金钗。随后，纠集团丁练勇向张王卢马义军反扑，并利用离间计，先后谋杀卢、马 2 人，谋害张孝，追杀王绣球。咸丰元年即 1851 年 9 月，会党首领屈承俭率部攻打安定土司之高岭圩，潘御于甘棠战酣，屈承俭分股攻入司署，潘凤岗督团兵镇压。咸丰十年（1860）三月，太平天国翼王石达开部将协天翼石镇吉率千余名太平军自百色入安定司境，途径匹夫关时，潘督团兵伏击，石镇吉被俘。潘将石上解邀"功"，晋赏五品花翎并加同知衔。清同治三年（1864）四月，潘凤岗与官军围攻安定司"瑶王"蒙李旺义军，大肆屠杀起义瑶壮山民，获赏"勉勇巴图鲁"勇号。潘在位 47 年，先后镇压司民起义数起，为使官族久治不衰，他创办司官义塾学馆：聘请塾师教训司官及其亲戚好友子弟，为安定土司创学之始。潘为安定司"世代安定"，建造宫殿式司衙，并大调司民筑建城墙以防卫。大动司境民工民财，兴建澄江"永济桥"。光绪八年（1882）御职，传位其第三子潘承熙（春台）。

第六章

太平军宰制曾广依在凌云、田林、隆林

第一节　曾广依太平军在凌云及在田林定安屠城

曾广依，早期参加太平军，随军征战至南京。天京事变后，随石达开远征，封为宰制，隶属石镇吉部。1860 年春，随石镇吉出征百色厅失利，遂脱离石部，自率数万人经泗城、西隆出广西，渡红水河于 5 月经云南广南府（今广南）上贵州兴义，与石镇吉被俘后转战贵州的余扶忠部会合。1861 年春，进兵旧安顺州，联合贵州苗民起义军，于 7 月长驱入川，连战失利，退回贵州。10 月，由遵义趋大定府（今大方）与翼王石达开先锋李福猷联合共进，攻西南水城厅（今水城），配合石达开率本部入川。约当 1862 年与 1863 年间死于川滇之间。

一、曾广依太平军在凌云

石镇吉统领的太平军百色内变攻城不克，宰制曾广依率以两湖籍为主的太平军数万继续北上攻泗城。前来增援百色厅的凌云知县余萼衔大惊，火速会同署游击杨致英驰回泗城守御。在守百

074

色城时，凌云团练头目吕宗仁所带团兵在太平军用地雷轰城时几乎尽殁。但余萼衔所带的兵马仗着熟悉地形，凭着有利地势反击太平军，大小数十战后，太平军进攻失利，以曾生大为首的数千太平军将士被歼擒。曾广依见攻泗城不利，于是拉转马头率部走西林、西隆一带。

二、曾广依太平军在田林定安屠城

古县城定安旧称者角村（壮语，意为青蛙寨），位于驮娘江与洞城河的汇合口，是近代中国近代史上有名的边镇。清康熙四年（1665），改土归流建西林县后，县治设于此。清咸丰年间，在此发生震惊中外的"西林教案"和太平军"庚申事件"。

定安作为西林县城至1951年7月划归田西县，至此历时256载，今为田林县定安镇，是西林至百色公路的中心。

1860年（清咸丰十年）春，石达开部宰制曾广依曾率部在田林县的定安镇集体屠杀过几千人。今岑氏宗祠后的后龙山下，离农械厂后面约百余米处的水泥电杆下，旁边有一棵李树的大约4分的田块，就是收埋当年惨遭杀害乡民的"众人坟"。据20世纪70年代初"农业学大寨"中参加开挖这块田的原定安大队党支书农周会说，他们在田里掘出了能装七八挑水的大坛98个，内中盛满了人骨。起坛时，还掘起一块石碑。其碑文照录如下：

清故庚申罹害男妇老少众墓

咸丰十年，发匪屠城，男女老少口口口（漶灭字疑为罹难甚"）众。当时权收减埋，日久牛马践踏，白骨暴露，目睹心伤。同治十一年春，众信签资收买大镡装载，兹更完修。公留余资，长留会底，以备每年祭扫之资。略记数言，以招来许。

同治十三年嘉平吉日修泣（此碑高87厘米，宽48厘米，厚12厘米，现存定安中学冯体强老师家的厨房内）。

如今碑刻尚存，坛已散失。此碑证实了曾广依率部由桂入黔路过田林时，确曾在定安大批地杀害过群众。今定安中学吴旗锋老师家，据说就是当年"长毛"（当年群众对太平军的称呼）杀人之处。参加编写《田林县志》的黄立志同志在调查中，尚见过当年房壁上留下的带血的巴掌印痕。关于曾广依部屠城的原因，众说纷纭。有的说是向导带错了路，引起太平军无比愤恨而挥刀集体杀人；有的说是太平军询问定安群众"保满"还是"排满"，老百姓回答"保满"而造成的悲剧；有的说是太平军在定安遭到西林官军伙同地主团练头目叶法生顽抗，才导致曾广依的屠城；等等。经过实地调查，我们认为后一种说法比较合乎事实。

石达开部自1857年冬从天京出走后，并未改变反清保民的初衷。1860年初，石达开计划由桂经黔入川。为配合主力行动，其部下石镇吉分兵攻打百色；因久战不下，镇吉亲率一部转战都安，欲从河池南丹溯红河上贵州，另分兵2万与宰制曾广依取道乐里、潞城、旧州直达八渡口，与沿红河而上的石达开主力会师。不久，石镇吉战死都安，曾广依部则从凌云西进乐里，直趋八渡口。但是，由于向导错将西隆八渡口当西林八渡村（两地一南一北，方向相反，相去100多公里），曾部到了西林八渡村，方悟错道；打马回头来到定安，欲由此北上西隆，到八渡口。由此可见，向导错路在先，曾部错入定安在后，向导非定安乡人，曾部因何泄愤于定安乡人头上？看来因向导带错路而杀安定人之说欠通。

一语之误而戮杀几千人之众，大悖于太平军向日军纪宗旨。太平军向来注重宣传工作，一路告示晓喻百姓，宣言反清保民的观点。如果说定安百姓对太平军还不了解的话，尚情有可原，但在知道了太平军的宗旨后还声言"保满"，那恐于情不合。边地乡绅长老，风大嗫口，何至于断然以保满为天职？退一步说，即使有人回答了"保满"，太平军非嗜杀成性的兽军，也不至于因一语而会满城遭殃。匹夫一怒而天为之变，总有引起匹夫怒不可遏的理由，所以太平军屠城当另有原因。

据调查，1860 年 3 月，曾广依率部从八渡村转入定安。其时，据守定安的西林官军和地主团练头子叶法生封锁船只，仗着水隔城坚，负隅顽抗。可是，这是办不到的。因为：（一）太平军人近 1 万，城里官军和地主团练远非他们对手；（二）太平军多为南方人，深识水性，无船非不能渡；（三）时当 3 月，还是枯水时节，浅处可以涉水而过。定安乡绅长老，恐城破之下，玉石俱焚，于是力主迎太平军入城。官军及地主团练料难取胜，只好弃城逃跑。临走之际，叶法生派人暗将毒药掺入糯米糍粑和食粮之中，且潜伏几十爪牙于城里，伺机而动。

当初，乡绅长老组织人摆渡接太平军进入城中，军民关系还十分融洽。太平军征集军用物资，都是先由百姓开价，甚至还多付钱。但是，过了不多时，太平军将士有的中毒死亡，有的夜间惨遭杀害，形势陡然紧张。与此之下，太平军将士不免对定安百姓打了个问号。不过，是时太平军尚能忍辱宽容，他们驻留 10 余日，稍加休整，便离开定安往西隆八渡口开拔。

太平军两脚刚迈出定安城门，外逃的官军和地主团练跟着入城组织反扑。他们凭着熟悉地形偷袭太平军的后队，大肆残杀伤病员和落伍者。可能十能一而不能再，太平军迅即回师定安，关闭城门，将城中未能逃出的人全部集中一处，实行集体屠杀。

虽然，这次屠城，太平军的本意在惩治反动的官军及地主团练，但在这过程中却现了不分良莠、滥杀无辜的现象。据现存岑氏宗祠八角亭边的一块刻于光绪三十二年四月十一日的石碑记载："自咸丰之乱，岑氏惨遭杀害百余命，亲房仅存数人。"（该碑现存在定安粮所岑氏宗祠八角亭边，长约3.5尺，宽约1.7尺，厚约3.5寸，碑名是《永安主佃告示碑》）定安是西林县署所在之地，据记载，道光初年有3600户，人口12000多。屠城过后，街道萧然，香案倾覆。据说，道光时期定安城内有9条大街，至民国初年仅剩下5条。这当然与后来的匪帮打劫有关，但亦与咸丰十年的屠城大有关系。

对于定安屠城事件，当事人曾广依部也供认不讳。这从《太平天国安民告示》中可以看出。该告示是太平军定安撤围后于西隆境内的那羊亭写的（该地离定安需步行两天），摘录如下：

由此（于）人多，难守法规，劫民财物无数，烧杀无穷。原有拥民之意，而变反民之心。烧残良民，笔楮难容。望民敬奉，死而凭吊。杀凶有赏，扶善存恩，为此固乾坤"（此布告是咸丰十年三月（1860年）太平军从定安撤围后到达西隆境内的那羊亭（即现在隆林县岩查乡那羊）时所写。当时在村民中颁发时，被当地村民保管下来。日久原件已破损，他们就重誊录保留至今。本文所引原文，是笔者在定安调查时从岑岳先生处抄录，他是隆林县粮食局下属一个单位的退休干部，六十多岁，现住定安街，曾参加过《田林县志》的资料收集工作。本告示就是他亲自到那羊调查所得)。

告示的主旨是征集军用物资。但文中也可表明几个问题。第一，太平军曾广依部并未改变"洒血为良民"的宗旨，"绿水良民不许害，草木不许犯一根。

这就是他们治军的纪律。他们还遵循买卖公平的原则，对于征集的粮草还是"依价付平"，他们的愿望是"与众同舟，鱼水相乎"，以便"为国之劳"。这恰反证了开头列述的三种屠城原因之不足信。

第一，这支部队对恣意顽抗的人是采取斩尽杀绝的政策。所谓"爱者添福，抗者夭亡""若有逆意断斩干净"就体现了这点。这也从侧面反映了西林官军和地主团练的炮击、封锁、暗杀、偷袭是引起太平军屠城的主因。

第二，在定安士兵中毒的教训也体现在告示中，"若有施毒，王法难容"。这句警告那羊亭村民的话，可以说明曾广依部前在定安城中毒亦是后来屠城的一个前因。

第四，曾部本身承认有过滥杀无辜的现象，并道明了事非有意，而是由于人多品杂造成的。"由此人多，难守法规，劫民财物无数，烧杀无穷。原有拥民之意，而变反民之心。烧残良民，笔楮难容。"怒而屠城，悖于本旨，痛定思痛，曾广依事后对滥杀无辜是深感内疚的。为此，他希望老百姓凭吊无辜被他们杀死的人，"望民敬奉，死而凭吊"。同时，为严肃军纪，希望老百姓监督太平军，实行"杀凶有赏，扶善存恩"的政策，以防止士兵不分良莠，擅行杀勠。既然不愿滥杀无辜，为何又出现定安屠城事件呢？此中有主观的也有客观的原因。主观原因有如上述，客观原因就是西林官军和叶法生的地主团练的一切反抗太平军的活动，都是暗中进行的。尤其是叶法生的团丁，暗地潜伏，化装出没，混迹于群众之中，捣鬼于百姓之间，放毒、暗杀、偷袭，无不是以平民百姓的面目出现。于是，太平军激怒之下一时难分良莠，是定安人即存戒心，例加诛杀。加上部队人多品杂，自然会出现"劫民财物无数，烧杀无穷"的现象，这就不可避免地出现了咸丰十年三月的屠城事件。

综上所述，可见定安屠城的主要原因是：西林官军和地主团练的顽固抵抗、投毒、暗杀、偷袭，致使太平军回师反击，遂酿成血洗定安的事件。西林官军和地主团练是矛盾的制造者，他们对屠城事件应负主要责任。但是，曾广依的这支部队是非不分，对部属不能令行禁止，把定安的反动势力与普通群众视为一体，一并加以杀害，这固然有其客观的原因但也说明太平军在后期的斗争中有策略上的重大失误，表现在处理问题过于偏激和简单化，这跟将领的素质固然有关，但主要的是小生产者的思想意识左右了他们整个军队的决策。石达开尚不能从大局着想而率部出走天京，曾广依又怎能识大体而"首恶必办、胁从不问"呢？可见，小农的狭隘思想使他们不能分清敌我，这也从侧面证明无产阶级领导革命斗争的重要性。当然，这支部队的滥杀，与队伍中混入了兵痞、流氓和恶棍不无关系。石达开的队伍自天京出走后，一路招兵买马，入桂逗留之际，曾在永福等地招收一批人马。这难免有动机不纯或恶习难改者混入军队。他们不受军纪约束，为所欲为，有令不行，有禁不止，结果扩大了事态，使无辜群众惨遭杀害。这是有违于太平天国军队的愿意的。可见，要取得一场革命的胜利，纯洁革命队伍是一件至关重要的工作。

定安屠城，从主观上说是太平军反击反动势力，但客观上却给定安人民带来了一场灾难。并且予敌人以口实，增加了太平军斗争的困难。我们不得不遗憾地说，这是一个重大过错。但是，就其性质来说，我认为不能算作是反人民的屠杀，而是一场反击反动势力而导致的误杀。我们知道，对太平军的抵抗、投毒、暗杀、偷袭，皆为反动地方势力所为，但结果是曾广依的部队把所有的定安人都当成屠杀对象，因而导演了一出误杀许多平民百姓的悲剧。

勿庸讳言，定安屠城的错误是严重的，但并不能说从此这支部队就改变了它的性质。他们并未放弃自己奋斗的宗旨，而且对屠杀无辜也是极不愿意的。定安屠城的悲剧在于太平军的这支部队混淆了敌我，扩大了事态。因此，我们在指出他们屠城过程中发生了严重误杀的同时，还必须肯定他们反清的主流。至于西林官军和以叶法生为首的地主团练残害太平天国士兵，嫁祸定安百姓的卑劣行径，也是我们在探讨定安屠城事件起因时所必须揭露的。

第二节　曾广依太平军在隆林

咸丰十年四月初，太平军曾广依的部队抵达现在隆林县境的岩茶乡那羊亭，为了筹集军资，太平军在那羊亭颁发告示。该告示是笔者于1985年暑假在定安岑岳先生处得到的，据岑先生称，他原在隆林县一个粮所工作，告示是从隆林岩茶乡韦中标同志处抄的。而韦又是从岩茶岑安荣处得到的。岑安荣的父亲岑元善青年时代经历了太平军过岩茶那羊亭的日子，他把告示抄在道公书中保留下来，故得以留传，告示全文如下：

英雄必有难，洒血为良民。本乃太平天国之兵也。威风凛凛，旌旗飘飘。率众出城，兵强将勇。确数难以定也。五湖四海大江南北，印泥红爪，全遍神州，顿时翻江倒海。关山度岳，鞋断桦（袜）烂。未料今日，莅之那羊亭，特此挥笔此之告示：天国之兵，原是为国，萍踪之礼，掌管山河。守卫国庭，时常兵盛，难维昌荣。但见那羊之地，山险岵峻，人庄微数、难保度日。因而特此示命黎民：取交物质之下，肥猪五百头等等。物质无数定，以交为贵，依价付平，爱者添福，抗者天亡。若有施毒，王法难容。有人犯令，割耳插线，全斩首情。望苍天未惧。本是为国之劳，与众同舟，鱼水相呼。军纪早定，滴水良民不许害，草木不许犯一根。遵此所规，得延寿岁，品度南风，良民顺服。于是声明：由于人多，过山山倒，渡河河干。威风猛兽，城中慌乱，夜睡不安。莅之地也，首于此（处），尾在远方。由此人多，难守法规，劫民财物无数，烧杀无穷。原有拥民之意，而变反民之心。烧残良民，笔楮难容。望民敬奉，死而凭吊。杀凶有赏，扶善存恩。为此固乾坤，世代常存。前头英雄，谁有重想？兵将多少，苍人均睹，每当过阵，七天七夜，胜蚁搬巢，依实可证。八万八先锋首，九万九扛大炮。此告金笔玉纸、万无一失。恩深情厚，永此悬思。若有逆意，断斩干净。所令之物，依此确定，不敢空言，所许是实。

据《平桂纪略》载，入西隆州的曾广依部队尚有数万，西隆州城不能守，官民皆走匿深岩，或于山巅结寨自守。太平军势力所及殆遍全境。团练头目黎伟科坚持反动立场，率练丁伏密菁山隘，时出偷袭太平军。咸丰十年四月初七，曾广依率所部太平军来到南盘江边，乘夜用竹筏偷渡，当时滇、黔两省合作调兵遣将，以兵练守南盘江和红水河，但曾广依的部队从南盘江偷渡成功，继而由桂入黔，完成原定作战计划。

曾广依太平军出百色后的去向

曾广依出广西后的主要动向。据郭廷以《太平天国史事日志》载，1861年2月18日，钦差大臣贵州提督田兴恕克贵州定番州，败翼王石达开部宰制曾广依及余部余明富、余成义等。2月21日，翼王石达开部宰制曾广依、张遇恩及余明富、余成义等来贵州长寨厅，提督田兴恕复之。广依等西北走安顺府，明富等西南趋广西庆远府。3月1日，翼王石达开部宰制曾广依、张遇恩大败贵州军副将杨严保等于安顺州大水桥，斩参将毛克宽。4月4日，翼王石达开部宰制曾广依、张遇恩自贵州安顺府进至毕节，毙副将周学桂。4月9日，翼王石达开部宰制曾广依、张遇恩进至贵州毕节之梓潼关，合苗围攻县城。6月18日，翼王石达开部宰制曾广依、张遇恩围攻贵州毕节不下，遇恩阵亡。总兵吴安康、参将李有恒乘机解围（游击熊俊等战死），曾广依下落不明。

第三节　对太平军在桂西活动的评价

首先，石镇吉、曾广依所部太平军进桂西境后，并没有改变他们反抗清朝统治者的初衷，一直是政治态度鲜明，始终把封建统治阶级作为打击对象，未改"洒血为良民"的宗旨。这对鼓舞百色区域的革命群众有很重要的意义。以后百色的会党起义，如靖西的钟起藩起义，吴亚终、小张三在桂西的斗争，隆林王斐组织的哥老会斗争，都把矛头对准统治阶级。

其次，这支太平军沉重地打击了百色区域内的封建地主阶级。如旧西林县城的土官后代岑氏地主家族"自咸丰之乱，岑氏惨遭杀害百余命，亲房仅存数人"。（见田林县定安粮所《永安主佃告示碑》）《百色厅志》也记载了几十名守城的文武官员被打死、炸死。

第三，这支太平军将领在组织纪律上要求部下还是严格的。在隆林颁发的告示，也说明太平军是力图严明军纪，维护百姓的。

第四，这支太平军也犯了滥杀无辜的错误。山心屠圩，被杀的300多具尸体，毕竟大多是倒在太平军的刀下。定安万人坟里的98个大坛，毕竟所装的几千尸骨大多是无辜的男妇老幼。勿庸讳言，石、曾部太平军犯了严重的滥杀无辜的错误。纵观进入百色的太平军的行动，不难看出，此时太平军的纪律已难与金田起义时的相比。他们滥杀，究其根源，一是部队首脑素质下降，无法冷静处理问题，小农的狭隘性使其眼光短浅，心胸狭窄，报复心理特强；二是部队成分不纯，鱼目混珠，贪污中饱私囊者不少；三是太平军处于下坡路的后期，中外反动派联合起来，农民革命阵营的力量每况愈下，入百色的这支太平军亦成了流动作战的惊弓之鸟，故一旦受阻，定然全力以赴。所以，对太平军的杀人，我们既要看到统治阶级邓正、叶法生之流在屠杀事件中的诱因，也不能过分地苛求太平军要有红军一样的纪律，山心屠圩和定安屠城，不能不算是夺取生路的大拼杀和反击反动势力时混淆了敌我、扩大了事态的行动。

总之，石、曾所部太平军进入桂西地区，积极作用是主要的，消极作用是次要的。它像一场大火，焚烧了桂西地区封建势力的枯枝败叶，为百色的新生带来了一股强劲的春风。

第七章

东路太平军陶金汤在永安州、荔浦

第一节 张高友起义

太平军与永安州的历史回味，往事并不如烟。当年太平军从金田北上永安，攻打永安州的历史画面历历在目。

官村大捷后，太平军于 1851 年 9 月会集大旺，在此分水陆两路向永安州进。水路由大同江循蒙江北上。陆路经藤县大黎而上永安。9 月 25 日，太平军直薄永安城下。州城不大，"围二百四十八丈五尺，高一丈六尺，厚六尺，城门三，城楼四。"（光绪《永安州志》卷一）9 月 25 日，"贼尽取市上鞭炮，堆聚城西南角如山，乘西南风大作，炮燃烟气蔽天，城上人人眩晕，遂不支。贼由陈姓门楼架天梯过，城遂破"。（《永安州志》卷四）《广西昭忠录》卷一说："围愈急，环攻三昼夜。江知事不可为，令二子启贤、象怀州印缒城出。行未数里，而城陷。"平乐协阿尔精阿、知州吴江、学师丁履吉、委带练丁增生、苏保德、汤慎德、自募义勇监生陈德舟等殉难。（《永安州志》卷四）

1851 年 4 月 7 日，龙寮岭战役，太平军惨败，阵亡 2000 余人，乌兰泰急欲建功，连夜追击，4 月 7 日追至平冲，遭太平军伏击，毙四总兵，杀敌数千。据姚莹《中复堂遗稿》卷五记载："二十日又追至前山，大雾迷漫，为贼所败。二长镇及邵、董二镇（即邵鹤龄、董光甲、长寿、长瑞）被难，各将死者甚多，乌之兵仅存数十人。"

1851 年 10 月 1 日，洪秀全进永安州城，驻跸旧州署，杨秀清住武圣公庙。分军防守，南面，秦日纲驻守水秀，冯云山扎营莫村，互为犄角；北面龙寮岭一带亦派重兵守御。修筑防御工事，建东西南北炮台，东炮台位于瞭望岭，西炮台位于团寇岭，南炮台位于大教岭，北炮台位于红庙。另筑两道长墙，东长墙自州城东面从莫村起经东炮台至湄江河边；西长墙自州城西面从城南河边至城北湄江河岸，中经西炮台，东西长墙共约 10 华里，用泥土修筑，高约丈余，墙外有壕。正如《贼情汇纂》所述"重城三重，重濠三道"固若金汤。

《天命诏旨书》载，"八月初七日，时在永安。天王诏令：各军各营众兵将，各宜为公莫为私，总要个条草（按：即一条心的意思），对紧天父天兄及朕也。继自今，其令众兵将，凡一切杀妖取城所得金银绸帛宝物等项，不得私藏，尽缴归天朝圣库，逆旨议罪。"姚莹在《中复堂遗稿》卷三、卷四中亦说，"贼日出抢，积三、四月之守。"又说：抢割之后，仓足敷今年（按：指咸丰二年，即 1852 年）正、二月之食）。可见太平军在永安州发动群众抢割地主秋禾和没收地主浮财的斗争，无疑是太平军当时解决军需给养问题的重要途径。

平冲战胜后，继续北趋桂林。"秀清料平乐、昭平各处必有清兵堵截，避从小路，经牛角瑶山（即三妹瑶山）出马岭、六塘、高田，径扑省城。"（《桂平县志》卷四）据当地群众说，洪秀全把从三妹瑶区出荔浦的"天平坳"改名"平天坳"。"若把平天坳过，转乘十里平沙"的意思是说，如果能过得像天那么高的坳口，平坦的大路就在面前了。

张高友就是利用了太平军曾经占领过的永安州，发展自己的军事实力。1854年5月4日，荔浦知县王康济因团练的事到东乡办事，张高友、罗中书、黄亚居等天地会首领觉得攻打县城有机可乘，张高友在北门圩动员赶圩群众说："愿意参加起义的，发给凭单，到县仓任取米谷。"饥民从之。平乐府同知张敬修于7月在荔浦"剿办"会党队伍失败。张高友率众趁热打铁，于9月攻到平乐府城周边。然后，于11月会同陈志广、胡元龙、黄金豹等欲攻桂林，可惜在六塘被果胜军统领潘其泰逼回荔浦。咸丰五年二月，清军及团练联手要收复县城，义军数千人到龙口迎战，大败清军及团练，接着，张高友率部进逼荔城。不料黄亚居、罗中书、罗万邦等图发财，希望清军招安，知县王康济用计，在城内江西会馆饮酒设伏，中招被擒杀。张高友与清军搏杀被俘，关在粤东会馆。张高友有功夫，越墙逃永安。张高友复仇心切，带3000兵马攻荔浦，占据马蹄塘，继而出雒容、雒垢协同李文茂攻打柳州；利用胡元龙力量合攻修仁，把总彭某死于刀下；又在马岭生擒平乐知府，关在荔城。此时势力壮大，于咸丰八年八月开辟莲塘为根据地，开圩市、营贩运，兵强马壮后打下永安州，知州章国栋死于刀下。再接再厉破古朗寨，令永安各团寨听候号令，立局纳粮，蓄发反清，否则不许照常耕种。胡元龙则据修仁，势及南乡。贾总稳扎永安州，互为配合。张高友占莲塘后，改革军队，重用文人。李博、谭大让这些文人为起义军秘书，撰写檄文。苏元庄，夏吉祥、王亚德、沈亚养等一批地方名人均率众参军。随后，张高友巧施连环计，多次获胜。用"围魏救赵"计，打败平乐知府陈泰初 3000 清兵。用"回马拖刀"计，诱杀易元泰军正前营营官唐荣全；用"内外夹击"计，斩继任正前营营官曹光文。清廷知道本地军队不是他的对手，急调贵州提督江忠义领楚军，张高友固守莲塘。某日，张高友率领 20 余骑兵巡视，与清军冯鼎战于沙平。冯鼎佯败，当张高友追来时，冯以短铳回击，张中弹伤胸，回营不治身亡。

第二节　陶金汤在永安州、荔浦与张高友的交集

咸丰九年八月二十日，太平军石达开所属陶金汤部 2 万余人回师广西，目的是会合从湖南撤回贺县及广东连山一带的石国忠、何名标部。并联合活动于怀集的陈金刚部和天地会起义队伍，以牵制入桂的湘军，北上可以攻击湘南。陶金汤部经过阳朔之白沙、矮沙两圩进入平乐府境内，平乐为桂东重镇，沿水道南下威胁梧州府。陶部连结长期盘踞修仁莲塘寨的张高友部，于九月十六日（10 月 11 日）攻下太平天国建国基地永安州。陶金汤称全军部督，在永安州驻扎整顿队伍，逢三、六、九日都亲身向部队及群众宣传太平天国的政策。正当陶金汤在休整队伍，而莲塘寨主张高友却探听到陶金汤部财物充足，顿生吞并之念，遂率党徒乘黑夜偷袭陶金汤部队。并杀死陶金汤，逼走军师罗某，掠夺了所有的财物，又威迫陶金汤部投降。陶金汤部在主将被害的情况下，有万余人不愿归降张高友，乃奔往武宣，因不能渡河，

转往平南过昭平、富川。在沿途行军中，屡屡遭到团练的截击和袭杀，最后转到湖南江华，又遭到湘军攻击而败转贺县。因沿途行军作战，伤亡惨重，有的又失散了，最后只余数百人参加陈金刚部队。东路的主将陶金汤回师广西才半年，被张高友杀害，部队亦散失殆尽。

石达开回师广西的东路、西路、南路大军，只有陶金汤的东路军是最短命的，他们在广西刚刚打开局面，就被会党队伍残杀。当然，陶的余部也不甘心被吞并。据蒙山县志记载，余部于咸丰九年（1859 年）转入红花、两安一带，民与相安。乡绅陈启瑾率团练扎寨古楼村，勾结地方豪绅图谋拦击。太平军但求路过，通报陈等勿加阻挠。陈等有恃无恐。太平军被迫扑墙而入，陈仓皇逃走，绅民 700 余人被杀。之后，太平军过湖南江华，转怀集、贺县出广东连州，沿途为清军追杀。天地会陈金刚转战钟山。咸丰九年（1859 年），天地会陈金刚乘太平军自桂林南下之机，率众自贺县沙田经木冲进入县境。先在董家洞一带回旋，百姓多有逃匿山岩之中，乡绅合谋联村抗拒。除大虞村外，其余均被陈所取，所获甚多。陈亲释所俘媾和，相安无事，石龙复市如常。陈旋率众开赴大桥，遭到团练拦击，双方交火，互有伤亡。次年，陈金刚进红花，扎营螺寨村，当地村落设米馆于古楼，轮流供给所需要。后遭清军追袭，陈弃营逃走。

张高友杀陶金汤后，咸丰十年二月，张高友率义军破那福堡。三月，破太山堡。八月，破西栗堡，声势日增。

咸丰十一年，义军矛头直指县境各乡团练。正月破大龙岸、龙村、高枧、穿岩，分路攻破怀安、罗衣、岔江。三月，分路出击，一路攻东乡，破官岩、红岩、天鹅、沙帽；一路攻北乡，攻占长冶堡。再分路破下潘、狮堡、下大地、三簣、交椅，逼平乐府城。四月，集结各路兵力，攻小龙岸、胜厄、义敢，被果勇击败，回莲塘。六月复出，破莫村、土围。七月，破木带、蓝垌。八月，破以甲、南村。九月，破不忧寨，并连破妙花等10余处。十月，破凤山，围安全，破义雄。

十二月，候选道员易元泰率副将萧荣芳、黄仲庆，参将杨秀琪，都司刘玉成、孔宪隆、洪日高、杨子吉、张士安带果胜军赴荔浦进攻义军，扎营黄泥坡。

同治元年二月（1862年3月），易元泰移营由荔江河进兵，萧荣芳由石墙进兵，两路步步为营，攻莲塘。正前营营官唐荣全扎营于三诰，筑炮台昼夜轰击。张高友集桂岭、老县、山京、莲塘各地义军数千人渡河，分三路夹攻清军前营。清军分队迎击，义军败，涉水狂奔。唐荣全率兵追击，后队不继，义军回师反击，将清军重重包围截杀。营官曹光文、副将杨秀琪带兵入围，拼死救出唐荣全。唐荣全重伤，至营而死，义军大胜。

五月，曹光文充正前营营官，领兵逼修仁城下。清军中升字营营官陈日升，原系太平圩天地会首领，与张高友相识，后受抚于易元泰，在易军中任职。张高友约陈为内应，陈日升遂分其营为二队，一队入城，一队藏营中策应。接战后，义军伏兵齐出，陈日升率部反戈，杀曹光文，清军惊惶失措，大败。

义军既胜，张高友令着清军衣帜，于六月十八日转入阳朔县城，二十日乘夜破白沙圩。八月五日，分兵千余由天子圩经遇龙桥破六塘圩，桂林戒严。

八月二十九日，清穆宗撤阳朔知县忠庆职，令湖南巡抚毛鸿宾派楚军入境，联合进攻荔浦起义军。毛鸿宾即派按察使陈士杰、记名道员赵焕联进入广西夹击，以直隶州知州陈鸣志为前队，在阳朔会同广西布政使张凯嵩、道员易元泰、副将陈有胜等进攻荔浦义军。

九月，张高友退回莲塘，据险防守。

十月，清穆宗命贵州提督江忠义率知府邓子恒领湖南精捷勇至荔浦，克修仁县城。起义军由老县至桂岭掘战壕 10 余里，据险抗击。

十一月，张凯嵩领清军攻克桂岭、老县，邓子恒领湖南精捷勇 5 营由杜莫进攻，破义军据点 13 处。张高友率众迎战，于内贺村坳中弹伤胸，经月不治身亡。其部属闭大刚、石朝龙等缚陈日升至清营投降，起义终于失败。

第八章

西路太平军石达开在庆远

第一节 攻占与经营庆远

宜山旧名庆远府，是广西北部一座有名的古城。从这里北上可入湖南，西去可进贵州，地势险要，自古为兵家必争之地。府城北濒龙江，南望群山，城高垣厚。1859年10月，翼王石达开率领远征军占领此城，前后共达8个月之久。主要基于下面三点原因：

第一，庆远府素称桂西北军事重镇，战略地位十分重要，其地理位置接近贵州。在军事态势上，东南下可进攻柳州窥视南宁；西北上可经黔进击四川；西去可由百色进攻云南，东北上可经桂林出湖南攻四川，是历来兵家必争之地。所以，当石达开驻师庆远后，广西巡抚刘长佑惊恐万分，慌忙向清廷奏报："石逆窜匿一隅"，"若顿兵养寇"，"使石逆养精蓄锐，将来窜黔窜川，势不可挡"。

第二，庆远府远离清王朝在广西的统治中心，清军在此地的兵力不强。而且，与庆远互为依托的柳州当时被大成国起义军占据，柳江、龙江河面均有大成国的水师游弋，可以倚为藩篱。

第三，在离京出走，远征颠沛流离转战数省的征程中，石达开饱尝了没有根据地、没有后勤支援、到处流动作战的苦楚。而且，许多重要的战役都是由于石达开所部大多是新招募的士兵，缺乏必要的训练，战斗力不强而遭到挫败。回师广西后，他迫切需要寻找一个适当的据点进行休整练兵，以图强军备战。庆远一度被大成国起义军占领过，有一定的群众基础。因此，石达开选择了庆远作为太平军回师广西的第一个重要据点。

1859 年 8 月 22 日，翼王石达开自湖南东安、新宁陆续进入广西，经全州到兴安。入桂时，石部人数约有 10 万人左右。石达开分所部为 5 个队：中队由张遂谋统领，石达开本人在中队；左队由傅忠信统领；右队由赖裕新统领；前队由陈亨容统领；后队由余宗福统领，以朱衣点、彭大顺为先锋。据严正基《论粤西贼清兵事始末》记载，咸丰九年，"翼王石达开十余万众过境。翼王仪仗烜赫，牙枪羽葆，金戈铁骑，蔽空塞途，凡过七昼七夜。"（见《太平天国史料丛编》第二册，第 5 页）

当时，先入桂的部队石镇吉部正在攻桂林，清兵受其牵制，没有穷追石达开军，翼王所部顺利地从全州趋西北，经义宁，再经永福、永宁进入融县，一个十分贫困、破烂不堪的县城。广西长期受兵燹之苦，百姓死者甚多，地方十分贫困，城防设守也很薄弱。石达开入桂以后，开初如入无人之境，各县官兵很难抵御。但是，石达开部占领了这些城市，供给也很难充裕。太平军离开广西之后，清军悉数出省追击太平军，于是广西会党便纷纷起义，地主武装团练相继建立起来，连年争战。全省州城破烂不堪，而团练势力却越战越强，尤其在博白、平南。贵县、桂平等县的团练"尤为劲勇著声，贼非大队，不敢入境"。(见《太平天国史料丛编》第二册，第5页)

石达开面临十分困难艰巨的局面。据《融县志》记载："其时世乱已久，死亡过半。其存者均伏匿山岩，徙居边远村落。"这里说的世乱已久，是指广东三合会李文茂占领融县时，清军屡次来攻城镇压，双方争战，百姓死者过半。这种情况，在广西当时是很普遍的。广西守军刘长佑在给清廷的一个报告中说："粤省连年贼寇纵横，百姓流离转徙，不安其生……至贼过之后，地方无官弹压，则又受虐于团总之贪暴，被戕于土客之仇杀。日朘月削，莫有底极，此生命之困也。边远残破之区，官吏路不得通，多寄会城，其得通，城池街宇，荡然无存。"(见《刘武慎公遗书》卷二，第12、13页)这样一个悲惨穷困的地区，许多县城没有驻扎清军，许多乡村只有地主武装坚垒固守。所以，当石达开部离开融县转向西南，直趋庆远府城（今宜山）时，赖裕新兵到庆远附近的大曹、洛东，清军都不战自溃。石达开所部不损一兵一卒，即占领庆远府城。

庆远城情况毕竟比融县好些，石达开以府署为翼王府，并改郡名庆远为"龙兴"，全军分驻附近各邑。当时广西境内有好几股起义军势力，清兵顾此失彼。由于石达开兵员较多，清军暂时又无力顾及，同时，庆远又不是清军非立即争夺之地。石达开利用这个间隙，在庆远进行了休整，并度过新年。但是，庆远周围各县也和广西其他地区一样，人口稀少，田地荒芜，粮食和其他军需都很欠缺。石达开的10多万大军，仅是粮食一项就很难供给。石达开进驻庆远以后，就派多路大军四出，由赖裕新占领迁江，陈亨容占领迁江之北泗、溯河，另外一部占领德胜、柳江、思恩等地，其目的是就地征集粮食，保证庆远驻军所需。石达开所部在庆远附近的各个据点征集到不少粮食，才使庆远的供给暂时没有发生太大的困难。

在庆远期间，石达开发扬了太平军的优良传统，出榜安民，打击地方上的地主豪绅。百姓由于久受兵灾，生活困苦，石达开把征集来的粮食分给贫苦农民，社会秩序比较安定，生产得到初步恢复。庆远人民很感激石达开，编了许多歌谣来歌颂他，有的歌谣至今还在广泛流传。例如：

翼王达开到宜州，穷苦百姓有出头。

打倒州官清血债，穷人个个把王拜。

(见太平天国历史博物馆编：《太平天国歌谣》第 75 页)

在壮族百姓中还流传着这样的歌谣：

武官不怕死，文官不要钱。

翼王来坐镇，天下享太平。

(见太平天国历史博物馆编《太平天国歌谣》第 89 页)

苗族人民也长期流传着歌颂翼王的歌谣，其中有这么一首：

苗家救星是翼王，枯苗得雨心欢畅。

从今耕田齐落力，为保太平把兵当。

(见太平天国历史博物馆：《太平天国歌谣》第 92 页)

这些歌谣有的流传在庆远，有的流传在庆远附近。虽然有些歌谣可能是后人编造的，但却反映了当地人民对石达开的怀念。石达开爱民是有名的，史书记载很多。有一次石达开部到广西罗城，"闻夏珠村多明代老屋，拟拆屋煮硝充军用……全村惊慌失措，杨氏慨然代乃翁为村民请命，以大义向天国陈诉。一军动，遂收拆屋令，村得保全。"（见民国二十六年《罗城县志》卷四，第192页）

本来行军作战，应以军事斗争需要为主，但石达开部为了照顾群众的情绪和利益，还是下令不许拆屋炼硝，从一个侧面反映了石达开的爱民思想。说明石达开虽经浙、闽、赣、湘的挫折，但他爱护人民、关心百姓疾苦的精神并没有变，他的事迹甚至在他败亡后100多年还在民间广泛传颂。

1860年4月，石达开的部众准备为石达开庆祝30岁寿辰，百姓知道后，都纷纷到翼王府去给石达开拜寿。据说在翼王府的大门外还高挂着一副长对联：

五载佐龙兴，秉黄钺，仗白旄，遐迩宁麻，会见有严有翼。
卅年开寿域，月仲春，日中浣，冈陵严祝，欣看来亨来王。

这副对联载于简又文先生《金田之游》中的《宜山诗刻之研究》一文附注。其中"五载"应是"十载"之误，石达开从1850年参加金田团营到1860年正好10年，五载无由可解。简又文对这副对联曾做了这样的评语："是联辞藻丰美，气魄雄厚，涵义对仗，并皆佳妙，联末运用诗经句，分嵌'翼王'二字，尤

为工整而自然，是独运匠心的杰作，足见幕府多才矣。"（见简又文：《太平天国全史》中册，第1477页）

对联确实颇具气魄，表达了石达开戎马生活10年的伟业，也反映了部将对石达开的爱戴心情。

自天京出走，尤其是自离安庆入赣以来，两年多时间，一直处在长途征战之中，为了10多万大军的生存和发展，当然也为了抗清斗争的事业，他几乎没有过着一天安宁的日子。兵进庆远以后，由于清兵暂时无力顾及，石达开在这里连续住了8个月，这是很少有的时光和机会。所以，石达开在一段时间里心情很好。

第二节　西路太平军与团练的宜州德胜牛岩之战

《宜山县志》卷一云：牛岩"在邓山村南里许，独帽山其对面山也"。"咸丰九年，石逆陷城，分股驻德胜及思恩、河池各境，频往来十二山前。两寨英少，时时截击，夺贼械、贼物无算，积次杀贼二三百人。贼招慰之，辄不顾。十一月中，贼连营围之，其团总黄保清避贼在外，飞函许为募救，久不至。贼诱独帽寨庠生张慧光等讲和，牛岩中不知也。十二月初三日，贼攻急……而独帽山石不下，泉为贼据，众渴，岩遂破。遇害廪生张汗文、庠生黄鹏飞等八、九百人。贼驱独帽山人下，骈杀之，死者又三百余人。两寨敢死先锋决围，护老幼夜走，得活者亦数百人。"

此外，在宜州市德胜镇南边10里的牛岩山牛岩里，散放着三块碑刻（现存宜州市文管所）。一块是《大墓碑》，上刻"唐

帽牛岩老幼之位"8个字，碑高45厘米，宽28厘米。无立碑时
间及立碑者姓名。另一块是《大墓碑·序》，碑高55厘米，宽40
厘米。注明"同治五年三月清明日立"。立碑首事有张汉坤、韦
志韩等6人。主要碑文是："窃维大岩澍墓，缘于咸丰己未年孟
冬月，长毛匪首石大（达）开纠集十余万匪阑入郡城，叠居德
胜。余团五、六百人避居唐帽山、牛岩山、牛岩，共立三寨。凶
残肆毒，良善隐藏。各寨畏死贪生，私济其粮。亦有予门远邪居
正，威逼入党，不能未口遗（土+贝）（贡）一丝。且半途而夺
货，不与为类，仍截路以刘（讨）匪；战士三十名，驱贼数百
队。由是吾人与贼冤益结，贼与吾人敌不休。连战三旬，久久真
余勇可贾；困围一月，个个无执冰以游。孰意牛岩山顶奸徒倏
起，狠心助逆；岩中能士焉资地利防凶?! 角骑尽去，羽翼无依。
继以润下不周，强壮者冲匪锋出；腊月之候，稚弱者中贼计亡。
虽然出于非命，莫知本于昊天。凡我同盟，悼老亲之被害，或相
好以立祭田。怜妻子之遭殃，无相犹而停祀事。则死者瞑目于九
泉，生者亦抚哀而少愧。"第三块是宜山知县为此事发下的告示。
碑高60厘米，宽40厘米。其文曰："宜山口口口主口示，查乔军
各村居民避贼山岩，犹复不次截击往来游匪，屡挫凶锋，甚属口
口，义愤填膺，使山顶口居民口能同心勠力，矢志靡他，该匪何
能口入，肆其凶残。乃张慧光等不思共口保口，胆敢口计口口，
致被该匪攻破，居民遭杀掳者各以口数百计，惨极痛极！本县营
次闻报，口愤交臻。兹据禀：张慧光等已被执杀，殊足大快人
心。其口口田业，口口秉公确查，酌以数成口口公变卖，为掩埋
超荐之资，其口余仍留为口口亲属养口，毋稍侵滥，是为切要。"
示文后附有乔军、榄树、邓山等8村死亡者亲属49人姓名，作为

享有赡养费用权利的证据。

根据《宜山县志》和《牛岩大墓碑》的记载，这一仗，牛岩、独帽山团练五六百人基本被歼灭，解除了太平军交通线上的一个大障碍，但是，由于团练与百姓混杂，玉石俱毁，也有数百名百姓死于战火之中。此战只是小胜，更多的战例则是太平军"屡为黔粤土练所败"，处境日益困难。

第三节　白龙洞诗会与毁寺灭佛

笔者 1985 年参加广西太平天国在宜州举行的学术会议时，亲自考察过白龙洞。白龙洞在北山半山之腰，是宜州一个久负盛名的古洞。位于庆远镇城北，形若雄狮的北山耸立在澄碧的龙江之滨。过龙江一桥北行一华里，便到北山南麓。只见半山腰上，悬崖如削，古树参天。沿山麓拾级攀登，盘旋而上，约 20 分钟便到白龙洞口，洞口分上、下两处，上大下小。小洞口有草书"白龙洞"题额，大洞口有楷书"云深"巨镌，都是宋代名流手迹。洞深近百米，石道险峻，曲折幽邃。它由两个水晶宫般的后厅组成，每个厅都有大自然孕育出来的造型优美的石钟乳、石笋、石花、石柱、石幔，雕镂精巧，玲珑剔透，千姿百态。有的像圆柱，有的像圆锥，有的像屏风，有的像初绽莲蕊。其中，有一条乳白色的小石龙，鳞甲宛然，栩栩如生，白龙洞因此而得名。走进洞内，那黑黝黝的深谷，曲曲折折的幽径，迷蒙的光环，绚烂的色彩，简直置身于一个魔幻世界，给人一种幽雅神秘之感。摩崖上有一块五百罗汉名号碑，题额写着"供养释迦如来住世十八尊者五百大阿罗汉圣号"，所记罗汉名号共 518 个。碑高 200 厘米，宽110厘米，中间刻有佛教故事图一幅。此碑刻于宋元符戊寅年（1098），据初步考证，这是全国迄今发现最早的一块五百罗汉名号碑刻。出到洞口，脚下是坦荡如砥的平台，习习山风拂面，使人心旷神怡。低头俯视，烟笼雾锁，瑞霭飘飘，缓缓龙江水像一匹绿绸在微微抖动。回身仰望，满目青山，洞口上方是高接云天的悬崖峭壁。老树枯藤，盘根错节，遮壁垂挂。石壁上，有唐、宋以来历代摩崖石刻60余幅。

1860年暮春，为翼王祝寿之后，李岚谷即请翼王与王府属官来此郊游。这次郊游，是颇为风雅的盛会，堪为石达开远征大军多年战斗生活中之点缀。

李岚谷是什么人？他为何有如此雅兴请石达开去郊游呢？

李岚谷（1830~1863），柳州市鹿寨县中渡镇人。少年时入私塾读书，善诗文，喜交游。

李青年时因周济乡邻，得罪恶绅，遭官府通缉，流落江湖。1852年，在全州参加太平军，编入天官副丞相石祥祯部，后石祥祯率4万太平军陷安庆，占武昌，直指鄂东，李为文案司马，参与策划军机，屡献计立功，被石祥祯荐于石达开，成为石达开的幕僚，参与石达开指挥的太平军9次打败曾国藩的湘军主力，席卷长江中游数省。

李岚谷协助石部先锋勇将赖裕新，取得湖口之战斩杀清军3000余人的胜利。军功卓著，被封为翼王帐下的中军佐将，兼理参赞事务。天京内讧后，石达开率领数万太平军离京南下，行军途中李岚谷被封为"精忠大司马"。石部回师广西损失很大，粮草弹药缺乏，李岚谷一再劝石达开不要去四川，应"挥师北上，万里回朝"，但石拒绝了他的建议。不久，李岚谷和朱衣点等将领为挽救太平天国事业，毅然率军万里转战北上，在江西樟树镇与忠王李秀成部会合，李岚谷进封"仰天义"爵位，但未受到天朝重用，未能发挥全部才能。

1863 年 6 月，李岚谷在苏州协助慕王谭绍光守城，纳王郜永宽等人叛投李鸿章，残杀谭绍兄，李岚谷亦被叛徒活捉囚送清军大营，惨遭杀害。

石达开听从李岚谷建议，他偕其部属登山入洞，偶见刘云青题壁之五律，乘兴唱和，其部属 10 人亦步原韵奉和，事后全部刻于石壁之上（李岚谷之古风已先刻于此处，石达开等人之诗加刻于前，刘云青原诗重刻于后）。达开大军离开庆远之后，当地群众有意保存这一诗刻，在重修洞外佛寺时，在诗刻之下搭盖厨房，以作掩护，始能保存至今。现将诗刻录之如下：

石达开和他的部将、大臣到郊外游览白龙洞看楚南刘云青的题壁诗，步其原韵，挥笔赋诗一首：

挺身登峻岭，举目照遥空；
毁佛崇天帝，移民复古风。
临军称将勇，玩洞羡诗雄
剑气冲星斗，文光射日虹。

石达开题完此诗，余兴未尽，又为此诗做了一篇序："太平天国庚申十年师驻庆远，时于春季，予以政暇偕诸大员巡视荒郊。山川竞秀，草木争妍，登兹古洞，诗列琳琅，歆著风雅，旋见粉墙刘云青句，寓意高超，出词英俊，颇有斥佛息邪之概，余甚佳之，爰命将原诗句勒石，以为世迷仙佛者警。予与诸员亦就原韵立赋数章，刊石以志游览云。"

　　石达开题诗字句清新，充满豪情，颇具气魄，从诗中的"挺身登峻岭，举目照遥空"看，他对自己的出走并没有后悔，他对自己的前途也并不悲观。其实，他当时在庆远，尽管暂时还平静，但进入广西后前景并不可乐观，这一点石达开自然知道。但他为有这样一批忠于他事业的文臣武将跟他出生入死，他的心情却是很好的。当时随同石达开游览的名将有元宰张遂谋、地台右宰辅石蔡亲、户部大中丞萧寿璜、礼部中丞周竹岐、兵部大中丞李遇隆、吏部尚书孔之昭、户部尚书李岚谷、礼部尚书陈宝森、工部大中丞李玉衡、精忠大柱国朱衣点等，他们也都随附主将题写诗句，这些题诗虽然是以斥佛息邪为内容的，但也反映出石达开部将虽经坎坷曲折却仍然是忠于石达开，忠于太平天国事业，忠于拜上帝教的。在石达开远征后，这是唯一能看到的抒怀他们心情的一组诗，很是难得。下面照录，供读者欣赏，也可了解他们当时的生活情趣和心情。

元宰张遂谋诗

崖洞高千丈，登临万象空；
尊王崇正道，斥佛挽颓风。
举目河山壮，横腰剑气雄；
旌旗红耀日，将士气如虹。

地台右宰辅石蔡亲诗

胜地因人著，悬崖接太空；
偶留名士句，意感大王风。

长哨千山应，高吟万古雄；
遥瞻挥翰处，天际亘青虹。

户部大中丞萧寿璜诗
从龙欣遂愿，附凤又翔空；
振旅同时雨，还乡咏大风。
虚无嗤佛老，运会属英雄；
贵制诗精妙，挥豪气吐虹。

礼部中丞周竹岐诗
春深花映谷，羽满鹄腾空；
电扫龙吟雨，云飞虎啸风。
看山双眼大，报国一心雄；
惨此民情恶，峰烟蔽碧虹。

兵部大中丞李遇隆诗
佛老原荒诞，无仙洞亦空；
草忻沾化雨，琴快谱薰风。
人杰山增色，山高笔逞雄；
碑名留万古，钩画映晴虹。

吏部尚书孙之昭（一作孔之昭）诗
侍驾游佳境，梯云蹑半空；
岭头欣就日，洞口喜迎风。
斥佛刘诗壮，从龙国士雄；

乘时施化雨，万姓仰霓虹。

户部尚书李岚谷诗

诗与境俱古，眼同天并空；
振衣心向日，提剑腋生风。
德布王恩荡，威扬士气雄，
漫言归路险，绝壑架长虹。

礼部尚书陈宝森诗

古洞龙飞去，凭崖一望空；
名山多妙景，隐士有高风。
地本因人胜，王真命世雄；
从知游览处，掷剑化飞虹。

工部大中丞李玉衡诗

登临古峭壁，梵刹盘虚空；
佛灭余花鸟，诗敲振谷风。
从龙心已遂，逐鹿志尤雄；
指点东关外，长桥卧玉虹。

精忠大柱国朱衣点诗

灵境何年凿，幽深万象空；
余闻发豪兴，欲往凌清风。
龙卧今应醒，人奇句亦雄；
大呼拔长剑，天外断飞虹。

上引各诗是附石达开诗而题写的，而石达开则是有感于刘云青题壁而发，故把刘云青原诗亦附录于此：

刘云清原诗

异境从天辟，登临眼界空，

万家愁带雨，一水怒号风。

古佛形容怪，奇人气象雄；

回看岩上剑，飞去作长虹

（以上诗均据民国七年《宜山县志》卷一）

石达开出征后，是否背叛了太平天国革命事业，是否背叛了上帝教的教义，这一组诗基本上能回答这个问题。从石达开到每一个将领大臣都严厉斥佛，诗中的"毁佛崇天帝""斥佛挽颓风"、"佛老原荒诞"等等字句，都可以说明他们还是坚信拜上帝教的。况且史书还记载了他们在广西还坚持每周讲道，过宗教生活，而沿途烧学宫、毁神庙的事也多有记载。同时，从这些题诗还可以看出，石达开及其部将们虽经挫折，但豪情犹在，"剑气冲星斗，文光射日虹"，无论武功和文治都充满着自信。而"从龙心已遂，逐鹿志尤雄"，则反映了他们豪情满怀，不失英雄气概。

石达开部太平军毁佛行为，史料记载如下："咸丰九年，金陵发匪窜粤，踞郡治数月，民庐佛刹荡为邱墟，昔之鳞次翠飞者为荆榛狐狸之区，不独此寺为然也。"（见《宜山县志》）

城北郊北山白龙洞寺庙被毁情况："咸丰间逆匪石达开刊其

党唱和诗于此，因磨去。洞前盖三官殿，旧有圣寿观，高昌阁久圮，改建真武殿，咸丰年间毁。"（见《宜山县志》）

宜州市德胜镇的寺庙也被毁："玄真寺有观音堂，由来旧矣，自咸丰九年发匪叠扰，屋宇佛像折毁殆尽。"（见清同治二年三月《玄真寺碑》）太平军为了搜集粮食，把玄真寺毁成荆榛之区。

第四节　石达开西路太平军在庆远的社会影响

饶任坤、陈仁华编的《太平天国在广西调查资料全编》对石达开回师广西后的西路军在庆远的社会影响，有相对完整的记录。这些史料说明太平军如无遇到抵抗，不会滥杀无辜。当遇到生死存亡时，便大开杀戒。

"石达开部队来宜山，先经过理苗地方。当时，理苗是由土司统治的。土司说，石达开是长毛贼，带队伏击石达开军队。石达开攻陷理苗寨，把土司和参战的人杀了，从我村跑去理苗躲避的人放回家。

石达开军队经过潘家岩时，岩里的百姓奉献大米猪肉。躲避的群众知道石达开不伤害老百姓，都回家照常种田。"（宜山县六坡梁在淇述）

"石达开部队从洛东来宜山，那时宜山正来土斗争，官府根本无法调停，来土之间仇恨越来越深，经常发生械斗，打死人命。石达开在宜山时，进行调和，解决了来土多年积怨，从此，来土没有发生械斗。

我听父亲说，我祖父参加过太平军。祖父十多岁时，太平军经过融安，群众都逃到山上去躲藏，祖父背着表妹躲在山沟里，太平军在旁边经过时，一块小石头滚落山沟，刚好打中表妹，表妹哭喊起来。太平军听到哭声，知道山沟里有小孩，就跑下来把表妹抱起来，给她东西吃，祖父见太平军好，就带着表妹一起参加太平军，祖父当了马夫，以后太平军队伍散乱，他才跑回家。祖父还说过，石达开在宜山攻下有钱人的村寨，得来的粮财物都分给当地一些穷人。有好些断炊的饥民去找石达开救济，石达开也给他粮食，并劝他参加太平军杀妖。有一些人跟去了。"（宜山县师范学校刘策华述）

"听祖母说，宜山县官知道长毛来宜山，都逃跑了，有好些老百姓也跟着跑到外面去避难。我祖父几家人跑到外地，没有音信。后来父亲在河池见到一些人才回来。过去我们村百余家，回来的时候才二十多家。

长毛路过洛东，村里人跑上山躲，长毛不进村，不要老百姓的东西，只叫了一些后生仔帮挑东西。"（宜山县洛东韩业易述）

"听老人说，长毛来宜山时，城里有好些人跑走了，只留下一些老人看家。长毛进城后，把老人都召集在一块，把他们养起来，给饭吃，帮助他们解决一些困难。"（宜山县庆远镇兰四凤述）

"听祖父说，长毛来宜山时，他和村里人跑去马鞍寨躲，长毛正好经过马鞍寨，知道寨里躲避了许多人，就大声喊话：'我们杀官兵，不扰百姓，放心下来吧！'大家见长毛果然不攻寨，就下寨回家。"（宜山县庆远镇梁瑞三述）

"乱长毛时，我祖父在罗城做小生意，祖母在家。听老祖母说，长毛在宜山，许多穷人跟去了，我们这里有个姓郭的跟去当了石达开身边的小官。

我外祖父十多岁时，担柴到宜山庆远镇卖，长毛见我外祖父可怜，这么小就担柴过日子，身上穿得破破烂烂，就拉他到营部，给他吃，给他衣服穿，然后叫他回家去。"（宜山县庆远镇林燕椒述）

"我阿公当时有点把钱，被长毛拉去庆远，用了二十两白银才把他赎回。长毛在宜山粮食发生困难，杀耕牛吃，农村连谷种也吃光了，缺少牛耕田。"（宜山县洛东韦立秀述）

"石达开部队是旧历九月经过我们六坡，那时，田里稻谷一片金黄，就要收割了，有钱人跑光了，稻谷没有人收割。石达开军队出告示，叫人去收割，所得一半交石达开军队，一半归自己，几天工夫就把稻谷收完。"（宜山县六坡梁在淇述）

从调查笔记可以看出，西路太平军在庆远的处境相当艰难。在生存危机之下，军心开始动摇，部分队伍另谋出路，使石达开北上四川的军事计划搁浅。纵观石达开在庆远的表现，他之所以没有达到破釜沉舟挥军入蜀的战略目的，原因有：

其一，为粮所困。占领庆远后，石达开便分兵向庆远府所属的思恩、河池等县发展，并一度攻占思恩县城，其手下大将赖裕新"在宜山、罗城、天河各乡攻陷村寨数十处"，但这些军事行动均为刘长佑所说的"因缺乏粮食，四出飘掠"，而不是实现其谋川战略意图的主动行动。

其二，天京内讧事变后，在石达开看来，太平天国的理想已经是一个虚无缥缈的梦幻，洪秀全的滥杀无辜和猜忌令他心灰意冷，只是由于"抱着忠臣不事二主"的观念令他苦撑着，但对天国前途的渺茫却使他举足难定。所以，地方志中留下了他回师广西后"欲归林"的记载。1860 年 4 月中旬，当石镇吉部围攻百色败走后，他的部将宰制曾广依率万人北上攻克黔、滇、桂边境的西隆州城和泗城府城，又分兵两路，一路由西隆渡过红水河，进攻贵州兴义府；一路经西林县进攻云南广南府城，纵横滇、黔两省，并一度攻占黔、桂相邻的独山等地，与石达开占据的庆远府遥相呼应。虽然石达开曾派赖裕新进击南丹，探寻入黔之路，但他并没有下决心亲率主力向贵州挺进，只是囿于庆远府所属郡县活动。

其三，石达开回师广西的部队人员多数是三江两湖籍，由于长期的征战和广西环境的艰苦，加上石达开始终不愿意自树旗帜，使他们攀龙附凤的愿望未能实现，军心已经动摇。不少将领纷纷向石达开提出要返回天京的意愿，使石达开不能作出破釜沉舟、迅速杀入四川的决策，处于犹豫不决的状态。

这个犹豫不决的矛盾心理，使石达开在极度缺粮的庆远府城驻师 8 个月之久，结果是坐失入川良机。大成国控制的柳州失陷后不久，由于清军和团练在庆远周围集中兵力准备攻城，1860 年6 月，石达开部太平军被迫离开驻扎了 8 个月的庆远，南下忻城、宾州、武缘等地。但他依然留下赖裕新和精忠大柱国朱衣点各自率领一部分队伍分散在庆远府属各地作战。

赖裕新是石达开手下最得力的大将。广西浔州府人，参加了金田起义。1855 年 10 月，他担任殿左二十七检点，率部随石达开大军从湖北向江西进军，石达开命令他领军进攻瑞州。赖裕新身先士卒，奋勇冲杀，很快攻克瑞州府城。石达开以瑞州为根据地，设置总制、监军等乡官，建立地方政权，命赖裕新镇守瑞州，准备经略江西全省。赖裕新骁勇善战，其部属军纪严明，战斗力很强，在当时镇守江西的太平天国诸将中，他与守九江的林启容、守湖口的黄文金齐名。1856 年 6 月，湘军从湖北进攻瑞州。当时，因天京内讧事变发生，清军的围攻更加猛烈，但没有外援的赖裕新率部坚守不退。1857 年 2 月，湘军头子曾国藩亲自到瑞州指挥，定下合围之计，他命令湘军士兵沿瑞州城周围开挖长濠 30 里，以断绝城内太平军的救援。在严重困难面前，赖裕新毫不动摇，率众坚守城池，打退了湘军的多次猛烈进攻，直至粮尽援绝，赖裕新决定突围。7 月 25 日，他率部向围城敌军发动猛烈攻击，经激战，将曾国藩手下凶悍著名的湘军将领刘腾鸿击毙，率领全军突出重围，安全撤退。尔后，赖裕新始终跟随石达开远征，转战赣、闽、浙，入湖南，攻宝庆，回师广西，连克庆远、罗城等地。因屡立战功，被石达开封为翼殿天台左宰辅，是石达开最为倚重的将领。

石达开率太平军主力撤出庆远后，赖裕新率部先于 1860 年 6 月间攻陷河池，接着攻下思恩，随即又占领了南丹土州，目的是探求进入贵州的道路。但由于孤军深入，不断遭到清军和团练的围堵，经过多次激战，赖部先后损失数千人，被迫调头率领剩余的数千人马由中渡进入融县，随即到武缘与石达开会合。

第九章
队伍离散

第一节　离散的原因

一是处境艰苦，尤其缺少军需。石达开部队回师广西最大的困难是缺粮。当时广西兵荒马乱，会党蜂起，天灾人祸不断，加上清军与团练轮番围剿，太平军吃饭都成问题，许多人跟着闹革命，也是想吃一口饱饭。这个条件都满足不了，自然人心离散。

二是石达开不忘初心不另树大旗，难以满足部众飞黄腾达的愿望。许多人跟着石达开，也是想讨个一官半职，升官发财，但石达开不愿也不敢另树大旗，称帝称皇，不少部下见前途无望，便弃之而去。

三是义气害了军纪。石达开离京远征以来，对待部下一贯以"义"字当头，并没有加以严格的纪律管束。在离京远征的告示里，他宣称："依然守本分，各自立功名。或随本主将，亦一样立勋，一统太平日，各邀天恩荣。"也就是公开宣告说，他的部下有跟随他和离开他的选择权。他是这样说的，也是这样做的。

在离京远征的漫长征途中，他始终坚持这个原则。由于没有严格的纪律管束部下，甚至对一些部下的叛离听之任之，从不加以惩戒，这是他的部队战斗力大不如前的一个重要原因。当环境好而且战事顺利时，他的队伍尚能维系团结统一；一旦战事不顺且环境艰苦时，自然就使得一些意志薄弱者经不起恶劣环境的考验，加上又没有严格的纪律约束，无所顾忌，自然弃他而去，另谋出路了。

四是军事上瞻前顾后，失去以前灵活作战的机动性，错失进川良机。既然石达开已经确定了进军四川的目标，那么，在占领庆远府并获得一定的物资补充后，就应该抓住时机，集中全部主力破釜沉舟地向四川挺进。但他却瞻前顾后，犹豫不决。虽然他也曾派赖裕新率部攻击黔桂边界的南丹，探索经黔入川的道路，但小受挫折，石达开就打消了经黔入川的念头，顿兵不前，坐守困局，甚至"窥蜀本志或亦潜销默夺矣"。此外，1859年底，清军围攻驻扎在柳州的大成国部队起义军，大成国义军与清军苦战50天，战况几度处于胶着状态，但是，与柳州近在咫尺的庆远府城的石达开部太平军却未伸援手，结果，坐视柳州被清军攻陷，庆远自然也危在旦夕。正是由于这些军事战略的失误，使石达开太平军处于困境。那些来自三江两湖的将士，面对停滞的斗争形势，对跟随他远征是否还有前途的信念产生了怀疑，逐渐萌发了不满和思归情绪，造成了军心的不稳，队伍终于分崩离析。

第二节　小股队伍离散与降清动摇了军心

石达开驻节庆远时，除小股队伍离散不计之外，较大的离散行动共有三次。

第一次是 1859 年 12 月下旬傅忠信、谭体元部的南行。他们先是向南路进军，经柳州、象州，入桂平，以后又北上取道湖南、江西，回到江南。

第二次是同年年底，在傅忠信、谭体元部走后不久，花旗队伍即 1855 年冬在江西投归达开的天地会队伍，也离开庆远而东走。花旗军特指太平天国运动时期广东的天地会队伍，太平天国在金田举起义旗之后，广东的天地会也纷纷响应。于是，有不少天地会队伍加入太平天国，但这些队伍加入之后依然打着天地会的旗号，由于天地会堂口太多，于是旗帜也五花八门，统称为花旗军。

对于花旗军的性质，左宗棠在上奏清政府的奏折中说："花旗贼，此股系广东无赖匪徒，前年（1861 年）由广东、湖南、江西入浙、皖者也。"花旗军作为一支独特的队伍加入太平军作战，主要是在石达开西征之时。1856 年，石达开从安庆撤出，率领手下数千人转战江西，借以牵制曾国藩主力。在江西转战时，石达开收纳了大批广东花旗军，这些队伍的加入让石达开解决了兵力不足的问题。对于石达开在江西招纳大批花旗军，当时的两广总督毛鸿宾在给清政府的奏折中是这样记录的："探报金陵逆贼伪侍王李世贤分大股上窜，其前队广东花旗股匪已由浙绕越江西之广丰、玉山，渐及抚州、建昌地界。查咸丰六年广东洪匪大股数十万人窜扰吉安等处，会石达开至临江勾结其众，另编花旗股匪，肆扰多年。"（《剿平粤匪方略》卷 369）

石达开在江西招纳数万（毛鸿宾奏折中的数十万并没有那么多，愿意加入石达开队伍的花旗军不过几万人）花旗军。石达开从安庆到江西不过数千人马，花旗军的补充解决了石达开兵力不足的问题。

但石达开在收纳这批花旗军时，却没有按照太平天国早期一样对这些队伍进行收编，全部融入太平军队伍里，而是让这些队伍保持着原来的组织和旗号。

石达开难道不知道这样做的后果吗？显然是知道的。但此时的石达开亟须花旗军势力的帮助，再加上这股花旗军"犷悍不可制"，石达开"乃阳令示以羁縻，令其自树一帜于江、皖间"，"借以牵制官兵"。（夏燮《粤氛纪事》）管理不严造成的不良后果有三：

一是败坏了太平军铁一般的军纪，使得军队战斗力下降。这一支花旗军实力较大，为石达开解决了西征兵马的不足，而且此时石达开已经离开天京属于孤军奋战。花旗军名为归顺，实际上与相互合作差不多，花旗军尾大不掉，石达开为长远利益着想不得不迁就这些杂牌军。

花旗军对石达开队伍的败坏由此开始。花旗军军纪涣散，自由散漫破坏了太平军铁一般的纪律。忠王李秀成在谈及太平军的军纪时，曾言道："安民者出一严令，凡安民家安民，何官何兵无令敢入民房者斩不赦，左脚踏入民家门口者斩左脚，右脚踏入民家门口者斩右脚。"李秀成又指出，导致军纪败坏的人，除了李昭寿、杨辅清等人外，天地会的花旗军也是一大祸害，太平军的军纪就是由这些人败坏的。（原文："害民者，实这等人害也。"）

二是直接害死了石达开精锐大将，导致队伍离心溃散。1857年底，石达开在江西接纳了刘远达的天地会万余人，但由于后来刘远达的队伍军纪极差，刘远达又私受连州土司贿赂被石达开部下石国宗处死，于是刘远达部群起报复，数万人离开队伍。清人在《寇汀纪略》中记载"逆党从此离心"，曾国藩一针见血地指出："察看入闽出闽之贼，势乱而无纪，气散而不整，迥不似石逆当年情形。"（《陈明石逆情形片》，《曾国藩全集》奏稿卷10）

三是烧杀抢掠丧失了民心，使得队伍无法在群众中立足。石达开西征之时，形势已经今非昔比了。花旗军中的天地会分子，大多抱着打仗发财的态度加入太平军。一旦军纪败坏，这些人便本性暴露，烧杀掳掠比清军还残忍。石达开转战江西时，期初花旗军还是比较能够守规矩保持军纪的，但随着石达开在湖南等地接连失败时，花旗军就开始各种烧杀掳掠，甚至将村民的房屋拆毁把木料拿来烧火做饭。这种行为不仅带坏了太平军将士，更让石达开失去了群众基础，无法在群众中立足。这就是为什么石达开在广西入楚不能，入湘不敢，回广西无处立足的重要原因之一。正如曾国藩指出的那样，此时的石达开已经不复当年的情形了，精兵猛将已经丧失殆尽，被动挨打已成常态。

第三次是1860年3月，后旗宰制余忠扶部下策划自由行动。余忠扶忠于石达开，极力制止，以致被杀。主将余明富等即率领此部西行入黔途中与脱离石镇吉军的宰制曾广依相遇，两部即联合作战。这年秋天，他们连克贵州各地，前锋直逼贵阳。1861年初，两部又内讧而分化，分道扬镳。余明富部先入湖南后回广西，其部下余诚义、张顺政杀余明富而降于清军。曾广依部于1861年秋自贵州攻入川南之江津、綦江。1862年达开远征军入川后，曾广依部复归大队。

张志公的投降清军，对太平军也是一个重要损失。

武卫军宰辅蔡次贤准备率部脱离石达开，事泄被元宰张遂谋所杀，其部属张志公、郑忠林率部随朱衣点等叛离石达开。后又脱离朱衣点，到达桂林以北50里的潭下圩，在清广西巡抚刘长佑"遍发简明告示，准其投诚"的诱降下，张志公以下将领数十人率部上万人投降清军。刘长佑对张志公等并不信任，将其部8000人遣散，留精锐3000人编成5营，并要他们"随官军进剿以觇之"。张志公等丧心病狂，立即掉转枪口截杀转入永福的太平军队伍，但刘长佑还害怕他们"人数尚多，心志未定"。于是将张志公等的队伍拆散，分别隶属于布政司使蒋益醴和他自己的营中，"以分其势，而安反侧"。据《平桂纪略》记载，转入永福的一路太平军，在永福、临桂两江一带受挫于清军后，便"由永福、龙胜趋兴安。巡抚刘长佑令张志公等五营随官军进剿以觇之，至大融江奋勇击贼，贼败窜，突入兴安拥荣志（清兴安知县）、蒋显扬（把总）去，遇害，遂走灌阳入湖南永明"。这支队伍先是在"大融江为投诚新勇（即叛徒张志公部）所邀，死伤甚重"。退出兴安后又被清军前后夹击，损失数千人。到了湖南永明道州后，终被湘军所败，损失殆尽。

余成义的叛变也造成很大损失。在张志公等降清后的数月，1861年初，早年入黔的石达开部属黄添理、纪章生等2万余人，从贵州退回庆远府属南丹一带，接着取道罗城、融县，准备入湖南回江西。该军攻占永宁州城后，继续北上在桂北与清军激战数月，于6月进入灌阳准备入湘，但被清军重兵阻截。困境中队伍发生分裂。丞相余成义突然叛变，杀掉主将余明富后降清。《平桂纪略》记载："成义等献贼酋余明富首级求抚，总兵翟国彦使薙发屯灌阳城外……点验降众，得精壮愿留者千五百人，交鄢世堂统之。隶江西湖南者三千余人，隶广西、贵州者四千余人，俱遣散回籍。"

第三节　朱衣点、彭大顺、童容海的离去损失巨大

最终回到洪秀全旗下的朱衣点、彭大顺、童容海等人，也是各怀小算盘，让石达开损失惨重。

朱衣点，湖北人。传为明朝靖江王后裔，士子出身，举天朝进士。隶属翼王石达开部下，屡有战功，1855 年封将军。1857 年 5 月随石达开离京远征，由安徽入江西，驰驱浙江、福建，转战湖南。1858 年封军略精忠大柱国，1859 年秋随石达开部主力赶进广西。戎马之中仍不绝吟咏，所至好交地方文士，求贤若渴，有儒将之风。1860 年 9 月初与彭大顺、童容海等脱离翼王石达开，率部数万人万里回朝，由广西、经湖南、入江西。1861 年 9 月，在江西铅山河口归入忠王李秀成麾下，封孝天豫，与吉庆元隶属忠王二殿下李容发指挥，出兵宁波、绍兴，进军上海，1862 年晋封孝天义。英勇抗击洋枪队。1862 年 2 月下旬，乘胜进踞浦东高桥。1863 年 4 月 6 日，在常熟为清军副将刘铭传所擒，以身殉国。

彭大顺（？～1861）隶翼王石达开部。1857 年随翼王远征，自江西经浙江、福建、湖南至广西。1860 年 9 月，时为右一旗大军略扩天燕，与观天燕童容海、孝天燕精忠大柱国朱衣点等率部 10 余万人，脱离翼王石达开，万里回朝。沿途以白巾白衣为号，逢关破关，逢卡破卡，从柳州经雒容、永宁到融县（今融水），于此大事休息与补充。11 月，进入湖南绥宁、城步向东南入道州

（今道县）、永明（江永）。12 月，扎江华，乃东走蓝山、临武、宜章至桂东，乃由湘边入赣，占崇义，东走经南安（今大余）、瑞金，辗转入闽。1861 年 1 月，攻入汀州（今长汀），3 月 5 日，占连城。5 月 9 日，在连城附近姑田乡作战受重伤亡。

童容海，本姓洪，加入太平军后，因避洪秀全讳改姓。安徽无为人。太平天国忠王李秀成部下大将。初系石达开部将。1857 年后，随石达开独立行动，自赣赴浙、闽，复返赣入湘、桂。为观天燕。1860 年 9 月，与彭大顺等率部脱离石达开。后出广西，经湖南、江西至福建。次年 5 月彭大顺牺牲后，在转入江西途中，他杀将士以立威，自封燕爵，贪暴凶残，冒功夺权。9 月，于铅山与李秀成会合，隶其麾下，随军攻广信。后封主将、天将。转战浙江，取杭州。1862 年 1 月，封保王。旋又擅杀将领 10 余人，焚掠杭州城，走余杭。继赴安徽宁国府城东，对杨辅清孤军作战，坐视不救。7 月，袭取广德，举城降清，复姓洪。9 月，走宁国府，为清游击。次年春，随鲍超败杨辅清等于宁国府。后升总兵。1864 年 8 月，同鲍超在江西金溪附近招降陈炳文等。后不详。

从上述三人的简介可以知道他们各怀打算。这些留在庆远附近的精忠大柱国朱衣点和军略彭大顺等六七十名将领率领的部队约 5 万余人却脱离石达开，辗转东返天京。

这件事的经过《平桂纪略》有扼要记载："其贼目朱姓者，以达开势败，率众东窜，欲回江西，各散贼附之，众数万。六月十五日至永宁，为楚军击败，入怀远板揽圩。七月初五日分股入古宜，兵练扼河而守，贼不得渡，折入畹田。其在板揽者走永宁三隍，经中渡出扰永福。畹田之贼又分为二，一由灵川、七都经兴安、全州入灌阳，逾岭出永明、江华逃回江西。一由畹田走永宁，使人通款降于巡抚刘长佑。遂汰其老弱及不愿充勇者八千余人，给资遣送回籍，留精壮者三千余人，分五营，以其酋张志公、郑忠林、鲁子宏、黄周亲、姚盛甫领之。"

朱衣点、童容海、彭大顺等六七十名将领率领的部队约5万余人，大约占石达开回师广西全部兵力的三分之一。曾在白龙洞诗会上信誓旦旦地表示"从龙心已遂，逐鹿志犹雄"的精忠大柱国朱衣点在石达开率部离开庆远后，因为在广西的处境日见艰难，整个局势日趋恶化，前途渺茫，于是决定离开石达开去江西归附洪秀全。他们企图取道湘、黔、桂边境僻道进入湖南，到了广西怀远（三江）县板揽圩后，分为两路，后又分化为三路，均遭到清军、团练的阻截，与兵练不断发生激战。一路由朱衣点、童容海、彭大顺等六七十位将领率领，击败清军团练的节节阻击后，顺利地经湖南回到江西。

为求自保，回归洪秀全麾下的朱衣点、吉庆元等人曾给洪秀全呈上奏章，讲述他们脱离翼王石达开的经过：

朱衣点、吉庆元等人的奏章罗列了1860年2月以后，石达开部属纷纷"返旆""出江"的经过，把自己往好的方面说：他们跟随翼王远征，是听信"翼王亲奉密诏，转回粤西，招纳英俊，广罗贤辅，作我陛下股肱心膂"，而后，他们"观其动静行为，多滋物议"，又多次"劝翼王返旆回京"，但"翼王一返故乡，便有归林之说"。在两难的情况下，他们才率领部下"誓师出江"。虽然朱衣点、吉庆元等人为了自保，编造了他们听信"翼王亲奉密诏，转回西，招纳英俊"的说法，才跟随翼王远征的谎言。然而，他们所上奏章并没有对石达开大肆攻击，相反，在字里行间，依然流露出对翼王的敬佩和感激。显然，石达开的光明磊落的品质令他们仰高望止，他们为自保而编造的谎言更是不值一驳。石达开在安徽无为发布的告示已经明明白白地昭告天下："谆谕众军民：依然守本分，各自立功名。或随本主将，亦一样立勋，一统太平日，各邀天恩荣。"石达开是这样说的，也是这样做的。朱衣点、吉庆元等都是受石达开人格魅力的感召自愿跟随石达开远征的，只是由于回师广西后石达开太平军遭遇的困境，以及石达开始终不肯自树旗帜，使他们感到前途渺茫，才反旆出江，回归洪秀全麾下。而石达开则始终信守"五言告示"的诺言，对于其部下反旆出江的行为从未加以追究，而是任其离开。因此，朱衣点、吉庆元等人为自保而编造的谎言是合乎逻辑的。

第十章

赖裕新在南宁

第一节 赖裕新留在南宁的口碑史料

赖裕新（？～1863），广西人。早期参加太平军。定都南京后封检点。1854年至1856年4月，随翼王石达开率部西征安庆、九江、江西。1856年4至7月，改属于卫天侯黄玉崑，继续经略江西。天京事变后，随石达开远征。1859年，石达开在江西南安府整编队伍为5旗，以赖裕新为中旗。同年3月12日，赖裕新攻占湖南兴宁后，会攻宝庆，晋封军略。随石达开南下广西，屯师庆远，升天台左宰制，为先锋职位仅次于元宰张遂谋。1860年春进兵河池州思恩府，6月攻南宁。1861年9月，随石达开北上湖南，由湖北利川入四川石柱，会攻涪州。1862年12月31日，率中旗三四万人由云南巧渡金沙江，进逼宁远府（今四川西昌）。1863年3月下旬北进越西厅，于小杨岭白沙沟遭土司岭承恩伏击，为滚木擂石击中牺牲。其中旗余部突围抢占大树堡，抢渡大渡河北上入陕西，与太平天国远征军启王梁成富会合。

1860 年 6 月, 石达开部太平军离开庆远府后, 在李锦贵的协助下, 控制了宾州、上林、武缘等地, 进入与大成国起义军短暂的协同作战时期。当时的天地会义军的一些队伍谢必魁、宋扶捍、李青靛等部加入了石达开部太平军。7 月初, 石达开派遣部下 1 万多人取道横州进驻兴业县土狗圩和寨圩等地, 准备进攻玉林。玉林境内的大成国部队也趁机发动攻势, 与石达开部太平军遥相呼应。但大成国部队很快被清军击败, 双方会攻玉林的计划未能实现。接着, 大成国平浔王陈开亲自率军从贵县进入兴业县, 配合石达开部太平军占领长盈圩等地, 但陈开部也很快被清军击败。由于控制玉林地区的计划未能实现, 于是, 石达开转而准备谋取桂南重镇南宁府城。石达开派手下大将赖裕新率军进攻南宁, 为了还原攻打南宁的历史真实, 引用几则口碑史料:

根据饶任坤、陈仁华主编的《太平天国在广西调查资料全编》记载, 赖裕新攻打南宁的社会影响还是很大的。

据地方志记载, 石达开部悍将赖裕新于 1860 年 7 月自宾州进攻南宁, 据刘长佑奏报, "赖裕新先分三股, 拥众二万余人, 围南宁府城。初, 以马队冲突, 官军据险要击, 无从驰呈。继又于东西两门开挖地道, 城中预掘深沟, 注水以遏之……赖裕新复率数千人, 翻山闯入宣化县之四塘五塘, 勾结李青靛, 黄文华等, 陷八、九塘村落。"赖裕新进攻南宁月余没有攻破。除攻城外, 还派出部分队伍进攻南宁附近陈村、横塘、沙堂等地主团练据点。下面是历史调查资料。

"我十多岁时, 曾祖母去世, 终年六十八。听她说, 她年轻时, 有帮长毛由二塘、长岗方面打南宁。到金牛桥村时, 全村人都跑光了。我曾祖母也跛脚往外逃, 被长毛发现了, 就喊不要逃。但曾祖母还是拼命跑。当时曾祖母正煮好一锅三角麦,还来不及吃,长毛就进村了。长毛走后,曾祖母回来,家里东西一件没少,只是煮好的一锅三角麦被吃掉了,在锅头旁边留下一些钱。"(南宁市长岗岭文长拨述)

"听公太讲,长毛的头人叫赖裕新,从武鸣分两路来,一路从高峰坳来,一路从寺村后面来,有团丁和他们打。村里多数人都走了,长毛不抢村,还叫村里人别害怕,回来种田,不要误了农时。"(南宁市明秀黄义记述)

"长毛打邕宁八塘,被八、九塘团练联合打败。后来,长毛分两支人马,一支下南宁,一支过昆仑关出宾州。当时领队打长毛的团总是那东村韦成均。事后,在八塘起了一间义勇祠,纪念死难的团练。"(邕宁县七塘朱杰才述)

"赖裕新的军队从四塘、三塘、二塘方向攻南宁。他们到来时,老百姓烧烟墩,现在三塘附近的九曲还残存有烟墩痕迹。"(南宁市长岗岭谢初述)

"听老人说,长毛三百多人在村尾住了几个月,头领是石达开,后入昆仑关。本地财主团练用竹钉插入通道上,长毛马队无法通行,团练立即杀将出来,长毛牺牲很大。"(邕宁县八塘韦上仓述)

"听我公太说,他十八岁走长毛,那时长毛有一二万人,分水陆两路进攻南宁,陆路入崑崙关,经五塘、四塘、三塘、长岗岭到南宁。"(南宁市长岗岭蒙金普述)

"小时候听老人说,长毛有一二百只船,从东村方向过来打陈村,心圩、横塘、苏圩、芦圩的团练援救陈村。心圩、横塘来了二三千人,自带粮食。夜晚陈村人自己守村,白天由外地团练守村，陈村也有五六百武装力量，加外来团练，有三四千人。攻陈村的长毛有二三千人。陈村和团练使用的武器，最好是粉枪，抬枪，大多用刀矛梭标。长毛武器好得多，有'大螺督大炮'。长毛有一百多只船停泊在陈村邕江面上，有一天晚上，全村男人脱光上衣，冲进长毛船，模到穿衣服的就杀。长毛没有防备，措手不及，死了很多人。

长毛围攻陈村一个多月，粮食已吃光，差一点被困死、后来，清政府说陈村杀长毛有功，封陈本耀等几个人六品官。"（南宁市西乡塘陈占麟、陈维业述）

"长毛攻我们陈村时，心圩、苏圩等处都联团支援我们村，对河马村有一个绰号叫失信大的人勾结长毛打陈村，长毛要陈村二三千斤大米，也到心圩、苏圩、横塘去要钱粮。陈村人不肯给，对长毛说："要米没有，要狗屎我们可以给你们捡几担"长毛火了，从南宁开来几条船，先打心圩，陈村人去支援心圩。打完心圩打陈村。当时，陈村有一千几百人，连夜筑围墙。长毛用几十口大炮轰击，有一天傍晚六点多钟，乘长毛吃晚饭，陈村派去二三百人突然袭击，杀死许多长毛。"（南宁市西乡塘陈可白述）

"横塘各村，村村筑围墙，挖壕沟，用炮守闸门，同时大道小路都挖坑，坑内插竹签，长毛很难进逼村子。"（南宁市原友谊乡黄少礼述）

"长毛对横塘战略地位很重视，认为南宁市是把锁头，横塘就是一把钥匙，要占南宁，必须先占横塘。横塘妇女昼夜削竹钉，围墙内外都装有竹钉，使人不能行走，在路面上放荆棘，阻拦马队。长毛攻打横塘两天一夜，团总鼓动村里人要大胆杀长毛，说南团、北厢、秀东三圣公祠蒸尝多，若被长毛打死可以入圣公祠享香火，受了伤可抬入圣公祠医。所以，村里人打长毛很勇敢。长毛攻不破，就撤退了。"（南宁市原友谊乡廖成荣述）

"小时候，听祖父说，过去沙堂村出了雷高衢、雷步衢两个举人，沙堂人仗他们的势，横行乡里，附近村的妇女去割草做农活，都受他们调戏欺辱，男人也常受他们辱骂，不敢顶嘴，如顶撞一句，就挨拳打脚踢。所以，大家都很怕沙堂人，见到他们就回避。原来沙塘是一条圩镇，赶街的人多，很热闹。后来因沙堂人太霸道，附近谈村、新屋、那墨、横岭、断塘升、教子田、罗富、电头、九曲水、旱塘等处的村民都不敢去沙堂赶圩，而另在新屋村成一条六合圩。但沙堂人又常跑六合圩无理取闹。长毛到南宁附近时，沙堂邻村人去引长毛攻沙堂，长毛听说沙堂人无法无天，决定兴师讨平沙堂。南宁地主团练闻讯石达开围攻沙堂，连夜率领一支人马来助援，其他村的一些财主佬也来沙堂打长毛。沙堂地处平阳段，过去为防天地会打家劫舍，起有围墙，安了一道闸门，全村进出一个门，围墙外有一、二丈厚的棘围，竹围外又有一条壕沟，水深没人头。守村的领头人是雷团总，他为使村里人不能外逃，和长毛打到底，把溶化的锡水灌进闸门大锁。"（南宁市亭子街梁天锡、陆德初、吴炜耀述）

"沙堂雷高衢从云南丽江当府官退职回来，乱长毛时，他招集高塘、那厂、那洪、刘村、亭子的青壮年，组织了一千多团练，死守沙堂，用大螺督大炮把守闸门，坚持了一个多月。"（南宁市亭子街雷云甫述）

"沙堂雷大官无恶不作，靠贩卖妇女发家。沙堂街除了猪行、牛行，还有卖人行。雷大官就是卖人行里最大的人贩子。他卖人发了财，广置田产，潭洛、新屋、亭子都有他的田地。

"长毛攻沙堂时，雷大官指挥几千团练与长毛作战。六月初三日，长毛军由大口昌带队攻村，打了三天三夜，雷大官顶不住，初八日村破，杀了几千团练，雷大官也一命归西。后来，把全村人的尸骨埋在一起，砌了一座万人坟。"（南宁市亭子张树新述）

"听祖父说，过去沙堂村有人在清朝当官，有钱有势，十分奸恶，放牛吃新屋村人的田禾，稻谷成熟了，就牵马去田里吃谷子，两村结下冤仇，经常发生械斗。长头毛来时，新屋村人投靠长头毛，带长头毛攻打沙堂，攻下沙堂，杀得鸡犬不留。"（南宁市亭子李世昌述）

"沙堂和我邻近几条村都是冤家死对头，我村里有个莫大，全村最有威望，大家都听他说话。他知道李七打到蒲庙，他就跑去蒲庙，带李七队伍攻沙堂，新屋、潭村都帮李七。开始攻不破，最后用禾草填壕沟和垫高翻墙才攻破。"（南宁市亭子梁天锡述）

"听老人说，长头发攻南宁时，道台吴德征潜逃到潭村，村里人喊他吴老爷，他害怕被长头发发现，对村里人说："不要叫我老爷，叫伯爷就行了。"（南宁市亭子吴炜耀述）

第二节　赖裕新围攻南宁经过

石达开部太平军被迫离开经营了 8 个月之久的庆远府城后，他一度想在桂南发展，以求打开一个新的局面。在攻击玉林受挫后，石达开把攻击目标转向南宁，1860 年 7 月下旬，石达开令所部 2 万余人，以赖裕新为主力前锋，兵分三路围攻南宁。

太平军经昆仑关、八塘、武缘等地进抵南宁城外，分别从东门、西门和北门三个方向发动进攻，太平军骑兵率先发起冲击，步兵随后跟进。但清守城官兵凭借坚固城墙和护城深沟拼死抵抗，太平军多次攻击都未能成功，损失了不少人马。于是，赖裕新命令部队采用太平军常用的穴地爆破术，于东西两城门外隐蔽处开挖地道，准备通过地道用炸药轰塌城墙。但此计被守城清军发觉，清军在城内预先挖掘深沟，并往沟里注水。时逢盛夏多雨，太平军开挖地道仅数丈远，就因壕沟水浸灌而塌陷。

此计不成，太平军又在石子岭树木栅扎营，准备长期围困南宁。当时，清官府南宁守城将领为左江道吴德徵，他急忙下令调集各地团练入城守御，与太平军相持将近一个月。太平军在城外四周驻扎，遍布营垒，主力在城东外新街一带。

赖裕新指挥所驻扎在城东半里的三清观内。清军侦之，用大炮轰击，其中有一颗弹头从三清观大门门洞窜入，恰好击碎赖裕新的卧床，引起一阵恐慌。接着，左江道吴德徵率领城内兵勇，并召集各地团练内外夹攻，纵火焚烧太平军驻扎的营盘，太平军损失惨重，被迫退回武缘。

退军途中不断遭到各地团练的堵截追击，苦不堪言。赖裕新不甘心就此作罢，率领数千人翻山越岭进入邕宁县境，再次进攻南宁府城，同时又邀请大成国派军协同作战。大成国军分乘100多艘战船沿江上攻永淳等地，与赖裕新遥相呼应，但都被清军击败。

当时，因赖裕新分兵进攻武缘伊岭，但"其党内乱，头目右二旗、右三旗等乘赖未回时，杀其母、妻、子，上窜宾川"。赖裕新终因部属的叛离和粮草困难，又无法得到补充，士气低落，只好解围退军。

《邕宁县志》记载了此役的概况："（赖裕新）进军崑仑关，八塘团练据险守御，赖不能胜，乃退出思陇，取道武缘出高岭坳围攻南宁。树木栅于石子岭，为久困计，潜由城东壕外穴地道，会遇夏多雨，壕水浸灌，挖数丈而止……时守城官惟左江道吴德徵，乃急调四乡团练入守，屡出与裕新战，相持几一月。时城外四周战垒遍布，东城外新街一带尤多，裕新驻扎于三清观内，在观前暗掘地道，守城军觉之，知贼大部驻观内，发巨炮轰之，一弹直从门头洞入，碎其卧床，赖军惊溃。"

而当时广西巡抚刘长佑向清廷奏报却另持一说，他在《督军追剿石逆余匪折》中说："咸丰十年十月十五日奏……旋据左江道吴德徵禀报，石逆及赖裕新先分三股，拥众二万余人围攻南宁府城……督饬各路团练，分段围击，歼擒贼匪多名。匪党屯扎不住，由宾州、上林县等处四散分窜。赖裕新复率数千人，翻山阑入宣化县之四塘、五塘，勾结土匪李青靛、黄文华等，攻陷八、九塘村落，放行再犯南郡。"刘长佑说围攻南宁之役是由石达开亲自指挥的，以赖裕新部为主力前锋，围城之战从"（1860 年）六月二十四—二十六日"开始，"先分三股，拥众二万余人，初以马队冲突，军官据险邀击，无从驰逐。继又于东西两门开挖地道，城中预掘深沟注水以遏之，地道倾陷，死贼无数，该匪复环筑木栅图为久困之计。该道（左江道吴德徵）激励兵勇，大集各团壮练，内外夹攻，纵火焚寨，歼擒贼匪千余名，余悉窜回武缘"。

《武鸣县志·卷十》载："（咸丰十年）六月中旬，赖（裕新）乃率党出邕州，路经伊岭之汉岩，以火攻之，死者二百余人。以至邑，攻城经旬不下……冬十月，赖裕新复率党万亲，由宾（州）入武（鸣）。"

《武缘县图经·卷七》载："（咸丰十年）冬十月，发匪伪中旗赖裕新自宾州入寇，知府徐引督团壮击走之。"

1860年9月，朱衣点、彭大顺、童容海等脱离翼王石达开，率部数万人万里回朝，东返回归天京，后在江西遇到李秀成，并加入忠殿。此时，石达开动了归隐山林之念头。不过，攻南宁失败的大将赖裕新对他不离不弃，"时穷节乃见，患难见真知"，他成为翼王的唯一希望。若是赖裕新也北上天京，石达开将再也无人可用，日后进入四川更是不可能。可以说，赖裕新是忠于翼王的，是值得信赖的朋友。

历史对赖裕新评价很高：裕新胆气过人，翼王深倚之，故常为前驱。其战也，眠龊先登，六军辟易，而终以此殉。然治军严而不残，得将士心，又于民间秋毫无犯，其在长宁时，深得团首陈元椿所爱，知其好学多才艺，即释缚，欲授其官。在江西时以政绩闻，及从翼王远征，攻战倥偬，疆域无常，乃惟闻其叱咤善攻战而已。

第十一章

石达开回故乡贵县

第一节 回乡原因：没有处理好与会党队伍关系

在处理与会党起义军关系问题上，石达开是欠考虑的。石达开派赖裕新攻打南宁，自己则退驻昆仑关以北的思陇驿，收集部众，进行休整。

石达开退驻思陇驿时，部众不过万余人，手下的精兵良将，大都风流云散，处境困窘。当时如果清军来攻，已有难于抵御之势。所幸这时广西清军正用全力与大成国军作战，无暇他顾，在思陇驿，石达开又得到了一个休整补充的机会。思陇驿即今广西宾阳县西南思陇镇。清乾隆四十三年（1778）置巡司于此。在广西壮族自治区宾阳县西部，面积 101 平方千米，人口 2.3 万，8% 为壮族。镇人民政府驻思陇圩，人口 1000。1950 年设乡，1959 年改公社，1962 年改区，1968 年复公社，1984 年改乡，1994 年置镇。产稻、松、竹子、薯类等。有造纸厂和草绳厂等。农贸集市以姜、竹木器、土纸为大宗。322、324 国道经此并有公路通武鸣。古迹南有昆仑关、东有古漏关等。

　　石达开在思陇驿度过新年，一直住到 1861 年 2 月 16 日才移驻宾州。在这几个月中，他广招兵员，重建队伍，逐渐恢复了力量。那时与清军对垒的大成国，是由陈开等人所统率的天地会队伍建立的。1854 年，陈开在广东佛山起义，响应太平天国。他的队伍一律蓄发易服，头裹红巾，在短期内就聚众 10 余万人，分三路围攻广州。因为英、法侵略军协助清军守城，他们久攻不下，于是退入广西。石达开驻军庆远时，已派人和陈开联系，希望他接受太平天国的封号，两军合作。但他不愿信奉上帝教，也就不愿接受封号，谈判不成。

　　石达开乘清军不遑西顾之时，在宾州整编队伍，训练士卒。上林的李锦贵又专程来迎接他入上林城，共商进军计划。李锦贵崇拜石达开，联络了不少天地会的队伍接受石达开的指挥，石达开封他为纯忠大柱国体天侯，把他看作自己的得力部将。

　　1861 年 4 月，石达开和李锦贵分兵进取附近的地主寨栅韦村和水台村。他的队伍经过几个月的休整补充，再加上李锦贵所联络的外地队伍不断来投，人数逐渐增加，力量逐渐壮大。可惜这年 6 月，李锦贵病死，缺少了李锦贵这个媒介，许多队伍的首领纷纷离去，有的投降了清军，一时环境剧变。那些投降者一入清军营，石达开的虚实就被敌人所尽知，处境十分危险。达开决定迁地为良，7 月上旬，仍由赖裕新担任先锋，全军开拔，东趋故乡贵县。

　　就在石达开经略玉林、围攻南宁之际，石达开太平军部队又经历一次分裂离散。活动在庆远地区的朱衣点、童容海、彭大顺、张志公等部共 5 万余人，于 7 月底脱离石达开，分路经桂东北出湖南、江西，回归天京。至此，石达开太平军面临着队伍离散，军事失利，活动地域狭小，处境更加孤立，环境日益艰难的境地。石达开回师广西时的 10 多万队伍已"十不存二。徒依宾州谢必魁、上林李锦贵、宣化李青靛互为勾结"。此时，石达开要解决的首要问题是如何在桂南立足生存，已经谈不上实现什么攻蜀战略了。

石达开回师广西时，广西势力最强大的起义军是天地会陈开领导的大成国义军，由于大成国拥有大量的水师，故清方典籍称之为"艇匪"。当时桂南、桂东南、桂西南及桂中均为大成国控制的地区，并有义军数 10 万人，还曾一度占据了浔州、梧州、柳州、南宁、思恩、庆远、平乐等州府。此外，在桂北有以恭城、灌阳为根据地的"升平天国"朱洪英起义军；活跃于修仁等十个州县的张高友部等；在桂南还有从广东进入广西的陈金刚起义军，桂西则有壮族起义军领袖率领的部队。这些农民起义大都是在太平天国起义的影响下爆发的，这些义军与广西各地官府、清军、团练进行了长期而艰苦的斗争，给清王朝广西地方统治以沉重的打击。但是，由于这些起义军大都由会党领导，又隶属于不同的堂口，处于各自为战互不协同配合的状况。在清军和各地团练的镇压下，从 1859 年起，除大成国起义军尚有一定实力外，各地起义军已相继被镇压下去，反清起义已处于低潮。

石达开部太平军回师广西，对于已经处于低潮的广西各族人民大起义来说，无疑是一个极大的鼓舞。而如何处理好与这些起义军的关系，尤其是处理好与大成国起义军的关系，是石达开部太平军能否在广西立足、发展的首要问题。然而，石达开要大成国将士放弃天地会的传统信仰，转而拜上帝，奉太平天国正朔，实际上就是要求大成国将士听从自己的指挥。大成国主陈开及其高级将领黄鼎凤等都纷纷反对，表示："不愿拜上，话是从番。"由于大成国起义军与石达开部太平军的信仰无法统一，也不愿意服从石达开的指挥，因此双方的行动未能完全协调一致，也未能进行有效配合与清军作战。

石达开驻师庆远府长达8个月，与大成国控制的柳州近在咫尺，本应唇齿相依，相互支援，但石达开部太平军与大成国军始终各自为战，互不相援。1859年年底，清军进攻柳州大成国起义军，庆远府的石达开部太平军未伸援手，坐观大成军与清军苦战50天，终于陷落，庆远也受到清军的极大威胁。1860年春天，大成国军组织兵力，再次进攻柳州，石达开部太平军依然坐视，未加援助，结果，大成军攻击受挫，未能攻下，被迫撤离，石达开部太平军驻扎的庆远的处境也更加孤立。

石达开部属石镇吉部从桂林撤围后，经永安分军进入大成国控制区域内的象州、武宣和宾州，虽然石镇吉部与驻扎在象州的大成国军有过一次短暂的配合作战，但石镇吉占据宾州，则是以势逼迫大成国隆国公黄鼎凤撤离后占领的。故清地方官书《股匪总录》载：石镇吉"逐去黄三（黄鼎凤），入据州城"。《宾州志》也记载：由于"石镇吉、石贵忠带党十万有奇"，强宾欺主，双方发生对立和冲突，石镇吉部太平军在桂南不断压迫大成国军，将势力扩展到大成国的辖地贵县、永淳、上林等地，双方当然会心存芥蒂。石镇吉部与大成国军控制区域成犬牙交错之状，日常交往少不了会发生一些冲突。后来，大成国的澄江知县李锦贵脱离大成国依附石镇吉，被石镇吉封为澄江县大令，更是加剧了大成国军与太平军之间的矛盾。

由于石镇吉所部与大成国军冲突、摩擦不断，石镇吉在桂南无法立足发展，一 1860 年春，石镇吉部太平军转而大举进攻桂西，主力离开了大成国控制区域。石达开所部太平军未能采用正确的策略团结广西各地的义军，壮大自己的力量，以致被清军各个击破，石达开在广西休养整军的目的也未能实现。

与石达开关系相对最好的李锦贵死后，对石达开打击很大。

回想 1860 年 6 月，石达开驻师庆远 8 个月之后，军粮不济，兵员锐减，乃撤离庆远回贵县，部队过了九土司后即分兵两路，一路到上林，一路往武缘（今武鸣）阳圩（旧属武缘，今属马山）。李锦贵率部出镇铆，绕道阳圩与石达开部会师。两军通力合作，一举攻下武缘县城。此役李锦贵亲冒矢石，且调度得宜，受到石达开表扬，特别加封他为纯忠大柱国体天侯。李锦贵深通韬略，善晓兵机，很为石达开赏识和信任。李锦贵也深受太平天国革命思想的影响，他从实践中认识到，只有接受石达开的领导，与太平军亲密合作，他的起义军才能发展求存，才能与清兵团练抗衡。因此，他在上林招兵买马，建立铁公坊，制造武器，筹措军需，从人力物力方面支援太平军，使石达开部得到有力的补给，转战于上林、武缘、邕宁等地。在这一年多的时间里，李锦贵与石达开的关系可谓亲密无间，相互之间如鱼水相依。在广西同期的农民起义军领袖中，李锦贵与石达开的关系是最好的。据口碑材料说：李锦贵曾对石达开表示，"愿作姜维事诸葛"，可见其用心之诚，师事翼王。

1861 年 3 月，石达开部太平军从武缘入据上林，加封李锦贵为精忠大柱国体天侯，与其联合扫荡县属各地的地主团练武装，希望在桂南建立一个比较安定的休养整军补给基地。但此时由于队伍的不断离散，加上前途的渺茫，石达开部太平军军势已是强弩之末，部队的战斗力已今非昔比，甚至连一个小小的地主团练村寨也难以攻下。据《上林县志》载："达开攻韦村，筑木城六座以困之，不能下。举人周建勋等毁其吕公车，募敢死士夜袭之。达开大败，辎重尽失。"可见，此时石达开部太平军斗志已经全无。6 月，李锦贵病故，其部下谢必魁、李青靛叛变投敌。李青靛甚至企图诱擒石达开手下大将赖裕新作为自己投降清朝广西地方官府的献礼。在这种情形下，石达开部太平军在上林一带的处境更加危险和困难。在屡遭挫折、众叛亲离的沉重打击下，石达开被迫退出上林、宾州，向贵县转移。

第二节　回首往事：出广西前亦是少年英雄

石达开（1831～1863）太平天国翼王，广西贵县北山里那邦村人，属客家，原籍广东和平县，16 世祖才从广东迁到广西。其父石昌辉靠替人家放牛做工，买了一些田地。石达开家被称为"中资"或"富裕之家"。后来石达开在"自述"中说他"自幼读书未成"，在家"耕种为业"，最多是个富农家庭。《贵县志》说他"年十二，凛然如成年人，自雄其才，慷慨经略四方志，喜谈孙子兵法"。为人豪爽，好结交，受到邻居各乡豪杰的拥戴。1844 年 9 月，冯云山自贵县到桂平紫荆山创立拜上帝教，在邻近各县发展了拜上帝教。1847 年洪秀全第二次来广西，仍住在贵县赐谷村的亲戚家。大约就在这时候，洪秀全、冯云山结识了石达开。在洪秀全的启发下，石达开加入拜上帝教，并成了贵县的一方之雄。冯云山被捕后，石达开受到通缉，拜上帝教和地主武装团练的矛盾开始激化，李秀成"自述"说，"拜上帝人与拜上帝人一伙，团练与团练一伙，各自争气，各自逞强"。

1850年夏，洪秀全下令各路兵马到金田团营。石达开在团营之前，利用山区群众迷信较深的心理，以"拜旗"形式，发动群众，吸收一大批人加入拜上帝教。至今在那邦村还保存有"拜旗"坪的遗址。石达开在群众中宣讲教义，率众高呼："一打南京，二打北京，牛骨乱尽，豆豉发温。"使拜上帝教富有政治色彩。随后，石达开率贵县拜上帝教人马到金田团营。

1851年1月11日是洪秀全的38岁诞辰，杨秀清、萧朝贵、冯云山、韦昌辉、石达开率参加团营的全体拜上帝会众为洪秀全祝寿，并宣布起义，这就是著名的金田起义。宣布"正号太平天国元年，封立幼主"。同年3月，洪秀全在武宣东乡登极，完善军事指挥系统，石达开被封为左军主将，杨秀清领中军主将，萧朝贵为前军主将，冯云山为后军主将，韦昌辉为右军主将，建立了五军主将制。石达开成了太平军的主要将领之一。

太平军在紫荆山周围转战了几个月，虽然打了许多胜仗，但部队没有大的发展。洪秀全、杨秀清决定率太平军突围北上。以石达开和萧朝贵率罗大纲、林凤祥、李开芳等军帅为先锋，走鹏化、花洲，出平南官村、大旺，直取永安，于是年9月间攻克永安城。太平军在这里驻扎近半年，11月间，洪秀全在永安封王，石达开被封为翼王，"羽翼天朝"从永安突围以后，仍以萧朝贵、石达开为先锋，部队经桂林、全州进入湖南。萧朝贵在长沙中炮牺牲后，石达开独自担负起太平军进军金陵的先锋任务，他攻占岳州时，缴获大批武器船只。随后，石达开率部攻克武昌，为太平天国攻占第一座省城。

往事并未如烟。石达开回首过去的岁月，不免感慨一番。

贵县是石达开的家乡，又是太平天国起义的发源地之一，山清水秀，物产丰饶，民风强悍。离开家乡 10 年后又踏上家乡的土地，石达开心中不禁泛上一股浓浓的乡愁，真是少小离家老大归，近乡情迫情更怯！回到久别的故乡，石达开不禁感慨万千，"少年壮志不知愁"的峥嵘岁月往事又一幕幕地浮现在他的脑海里：

石达开有两姊一妹。他幼年丧父，很早便独撑门户，平时务农，也做些小生意维持生计。在务农经商之余，他每天坚持练习武艺，勤读诗书，还经常涉猎历代兵书，是一个文武双全的少年奇才。时人评价石达开少年时"慷慨有天下之志"。

1852 年 2 月，太平军在永安已驻扎了半年。由于被清军四面围困，永安城中的太平军粮食、火药、食盐等物资都十分困难。当时太平军仅 4000 余人，围城清军是太平军的 10 倍，将永安城团团围住，仅余古苏冲有一个缺口。洪秀全、杨秀清决定突围，全军以石达开、萧朝贵为先锋，撤出永安城从古苏冲缺口杀出清军重围。清军将领向荣、乌兰泰等率兵追击。石达开认为，平冲、汗冲、崩冲等地地势险要，是敌军必经之路，他与萧朝贵率部预先设伏在隘口两旁山崖，待清军进入冲内狭长小道后，太平军居高临下，突然发动攻击，清军大败，其军械、物资全部太平军缴获。此战后，石达开善战的威名为清军将领所畏惧。随后，石达开怀着"天下一家，共享太平"的理想，跟随洪秀全，离开故乡，杀出清军重围，冲出广西，纵横南中国，攻长沙、克武昌、下南京，创立新朝；随后，为解天京之围，他又率师西征，湖口之役，大破湘军，立下赫赫战功，令湘军头子曾国藩"魂梦皆惊"，人称"石敢当"。

石达开督师湖北时，尚未满 25 岁，但是他的军事才干和声威，已深为众多清军将领所敬畏。骆秉章谈论石达开之武略云："伪翼王石达开在粤逆起事首恶中，最为狡悍善战。（其用兵）不惮险远，最善伺隙乘虚。"左宗棠论及石达开文韬计谋时则说："石逆狡悍著闻，素得群贼之心，其才智出诸贼之上，而观其所为，颇以结人心、求人才为急，不甚附会邪教俚说，是贼之宗主，而我之所畏惧也。"曾国藩是石达开的死对头，对他的才智也无可奈何地评价道："挟诡诈以驭众，假仁义以要民。""伏查贼渠以石（达开）为最悍，其诳煽莠民，张大声势，亦以石（达开）为最谲。"

当时，在中国的一些外国人对石达开的观感也是很好的："据所闻之叙述，翼王是一个好人，不嗜杀人，力求安民保民，深得军人与人民之敬仰。他主张：凡行善者乃为善人。""据报告所称，这一位青年领袖（石达开）是英雄侠义，英勇无畏，正直耿介的。正是全军之中坚人物。他的头衔称为'电师'，这真能表示他的军事行动。他是饱受教育，而又能行动的人。"而太平军将领对翼王石达开的评价最能反映实情，其中，以太平天国后期的两位主将李秀成和陈玉成对石达开的评价最具代表性。陈玉成认为，石达开与冯云山是起义诸王中最能干的"将才"。李秀成说，石达开"文武备足"，"谋略甚深"，其才智尚在韦昌辉乃至杨秀清、冯云山之上。

然而，天京内讧事变平息后，虽然太平天国满朝文武一致拥护石达开主持军政要务，但由于洪秀全的猜忌、作梗，他空怀报国之大志，满腹文韬武略却无法施展，为避祸被迫离京远征。如今，他回到了魂牵梦绕的故乡，离京远征的蹉跎岁月，又一幕幕地映现在他的脑海里，不禁油然产生一种"近乡情更怯"的感慨：故乡的青山，遮不住他的天国悲情；故乡的绿水，流不尽他的满腹惆怅。

按理说，就地理环境和人缘关系而论，回到他的家乡贵县都应该是比较优越的，但是天京内讧悲剧后，特别是回师广西后遭受的一连串的失败和打击，使石达开心灰意冷，意志消沉。故地方志记载，石达开一返故乡，便有"归林之说"。而清军将领也认为，此时的石达开，甚至连"窥蜀本志或亦潜销默夺矣"。但是，清军并没有放过他，"到处悬赏严拿"，使他欲罢不能。于是，石达开打起精神，继续战斗，以贵县为中心建立根据地，在县城水源街粤东会馆立王府，控制了北至覃塘、石龙、武宣，南至桥圩、兴业的一带地方。并派人至浔州与大成国陈开联系，相约共同对敌。然而，石达开却仍然要大成国放弃天地会的传统，改变信仰，奉太平天国正朔。这一要求不但陈开不愿意，其手下大将黄鼎凤等也纷纷反对，"不愿拜上，话是从番"。由于二者信仰的不统一，因此大成国军与石达开太平军未能联合一致、协调对敌，但双方仍然建立比较友好的关系。

这时候，广西境内整个反清斗争形势都在逆转，各地起义军势力已如夕阳西下，清军已经掌握了广西战场的主动权，石达开以贵县为中心建立根据地的这些部署和努力并未收到成效，反而越来越被动。

第三节　石达开回贵县的社会影响

1861年6月，李锦贵病死，谢必魁、李青靛叛变投敌。在屡遭挫折，众叛亲离的沉重打击下，石达开被迫退出上林、宾州，向贵县转移。贵县是石达开的家乡，论"地利"、讲"人和"都应该是比较优越的。他的部属早就劝他回贵县"召集多兵"，"返旆回京，共匡王室"。而石达开一返故乡，便有"归林之说"。他的敌人早已估计：当时的石达开连"窥蜀本志或亦潜销默夺矣"。但是，敌人并没有放过他，"到处悬赏严拿"，使他欲罢不能。于是，以贵县为中心，在县城水源街粤东会馆立王府，于城外连营百余里，北至覃塘、石龙、武宣，南至桥圩、兴业，壁垒森严，置递相望。并派人至浔州与陈开联系。由于当时广西整个斗争形势都在逆转，石达开这些努力只不过是黄昏时节的一道回光罢了。

石达开在翼王府于水源街（今东方红电影院，前粤东会馆）宴请地方父老，缉匪安民，百姓相安。不久，取道武宣桐岭，攻破贵县奇石圩，回到他的故乡那帮村慰问邻里。翼王这次回师贵县，为了剿匪（主要是地主乡团）安民，曾派部队到土狗（亦名土久，今属浦北）、长宁（今属玉林石南）一带作战打粮，虽为团练所败，但少获军需，以充军用。复由土狗、寨圩攻打怀南（今贵港市木梓龙塘一带），兵至长宁，攻打良衣村，自卯至酉遂破之。良衣为长宁附近之团练巢穴，太平军获得一批粮食物资。还与大成国陈开部围攻罗带村，又攻文头岭、马角岭皆不克。文头岭城墙虽厚，但四面平垣，无险可守。据口碑材料说，团练守城人数不足 500，太平军攻之日不克，可见兵力之不济。再加上大成国陈开兵败将亡，广西天地会的反清斗争处于低潮。8 月，大成国的秀京被敌人攻陷，陈开败死。石达开的贵县基地顿失屏障，被迫西走横州。9 月，领余众 4 万余人北上，行至融县浮石圩，被敌人伏击，达开受伤坠马，险被敌人俘获。10 月 18 日，由怀远入湖南，转至湖北、贵州、云南、四川等地游移作战，终至全军覆灭。

石达开回贵县的社会影响还是很大的。饶任坤、陈仁华主编的《太平天国在广西调查资料全编》对此也有口碑记录：

"石达开到桥圩，我阿公见过他。听阿公说，当时石达开穿白长衫，许多人围看，都说'皇帝呀'，石达开很和谒和大家谈话，讲家乡话，问家乡事。"（贵县桥圩魏非光述）

"石达开部队占宾州，黄三带他的队伍从宾州撤回贵县覃塘。"（贵县城关镇黄显忠述）

"石达开回广西时，黄三势力正鼎盛时期，黄三让出宾州回到覃塘。黄三没有加入石达开部队，与他们有联系。石达开离贵县时，吩咐黄三坚守广西，问黄三兵力够不够，有没有粮饷，石达开将他的一员大将周竹岐留给黄三当军师。"（贵县覃塘镇卢明光述）

"黄鼎凤最初的军师是覃塘黄大有，后来长毛军给黄鼎凤派来了一个军师周竹岐。听说是因为黄鼎凤与长毛军关系密切，长毛军离贵县时，给黄鼎凤留下一名军师，是作为对黄鼎凤的酬谢。"（贵县塘镇蒙致乐述）

"石达开率大军回贵县时，黄鼎凤退出贵县城，撤回覃塘。黄全义退据南江村。贵县有钱人大多跑梧州，有的逃到广州。"（贵县城关镇孙伯生述）

"黄三在平天寨写了一首对联

虎霸山高安社稷，龙飞九五定乾坤。

周竹岐也写了一首诗：

荷戟归来暂息肩，穷人万丈上平天。

乾坤不问家何在？一统山河在眼前。"

（贵县覃塘镇陈松生述）

"刘坤一带兵围攻覃塘，周竹岐主张不能上平天寨，黄鼎风坚持上平天寨。黄鼎风说：'您跟黄三就上平天寨，不愿跟的就随你们便。'周竹岐不能说服黄三，也只好跟上平天寨了。我曾祖父没听黄三话，带领几十人离覃塘，经横县，南宁，上百色，入云南去了。"（贵县根竹黄子旺述）

"周竹岐是个地理先生，会看日子和风水，他经常帮船家择吉日和风水。黄鼎风失败后，他和黄鼎风在黉学宫被割肉死。"（贵县城关镇李仲辉述）

"刘九大人先抓黄三的三个儿子用棉花点油灯烧死，再将黄三和周竹岐宰割死，将他们的手脚砍下拿到现在覃塘汽车站附近示众，首级挂在贵县城大街上。"（贵县覃塘镇蒙守树述）

"周竹岐是江南人，我常听父亲说，周竹岐被杀时，判决书中右两句，'笑杀江南周秀士，奴才屈坏做军师。'"（贵县覃塘镇陈松生述）

志书也证明老百姓所言不虚。1857 年，黄鼎风攻克宾州城，改宾州为临浦州。1859 年 11 月，石镇吉"自上林攻至宾州，逐去黄三，入州城"。（《股总录》卷一）1860 年 5 月，石达开自庆远至宾州上林，与当时占据贵县、宾州的黄鼎风建立了友好关系，在离开贵县、宾州时，将礼部大中丞周竹岐留下作黄鼎风的军师，出谋划策，坚持反清斗争。1863 年 3 月，新任广西布政使刘坤一统率大军围贵县覃塘、平天寨。1864 年 5 月，黄鼎风惨遭失败，"为坤一诱缚，磔之。军师周竹岐、怀城（即贵县）知县

黄庆蕃、余党星福等百余人皆同时被执死。鼎凤二子二妾，坤一骈戮之"。（民国《贵县志》卷一）

顺便说说石达开儿子的事。

终石达开 32 年的一生，他一共育有三子，分别是石定忠、石定基、胡永活。关于石定忠、石定基二人的记载并不详细，但胡永活的记载倒是比较详细的。1861 年 6 月，石达开回师广西贵县，在这里他抽空回奇石圩去见了已 11 年没见面的姐（妹）胡石氏，对于这位从小照顾自己长大的姐（妹），石达开很是尊敬，所以两人见面难免是有一番长吁短叹。而在交谈的过程中，胡石氏对石达开是千叮万嘱，同时她害怕石达开南征北战，前有堵兵，后有追兵，随身携带的小孩难免会出现差错，所以想把他们留在自己的身边。而后石达开沉吟良久，最终同意留下了最小的，也就是后来被改为胡姓的胡永活。之后，胡石氏便在夜幕降临的时候，偷偷用围巾背起胡永活将他秘密带回到平治村。据《贵港市文史资料》第二十一辑载，石达开在贵港还有后代。2020 年 9 月，笔者与林志杰、黄振南、黄剑华、周朝宁等专家学者在当地熟悉情况的领导与百姓陪同下，来到石达开嫡传后代奇石乡平治村走访，证实了此事。

第十二章

石达开离桂入川

第一节　留下骨干周竹岐以图东山再起

离开贵县前，石达开将他的部下、礼部大中丞周竹岐推荐给大成国将领黄鼎凤当军师。陈开败亡后，大成国将领黄鼎凤是当时广西义军中最有实力的一支。周竹岐又名锡龄，江西人，石达开率军西征期间投入太平军中，他是加入太平军的少数知识分子之一。周竹岐熟读历代典籍，擅长诗文，富有谋略，石达开非常器重他。1858 年石达开自赣入浙，周竹岐已被任命为尚书。这年冬天，石达开部太平军从福建分兵 5 路返回江西，进攻上游，周竹岐接受命令与尚书李遇隆共同率领一路兵马，成为石达开手下独当一面的重要将领。后来，他因战功升为兵部大中丞，1859 年 8 月，跟随石达开回师广西，10 月攻下庆远府，周竹岐由于屡立战功升为礼部大中丞，在白龙洞诗会上，也曾留下周竹岐的诗文。

在大成国众多将领中，黄鼎凤与太平军关系比较密切，经常配合石达开部太平军作战。石达开留下周竹岐协助黄鼎凤，就是希望周竹歧能助黄鼎凤一臂之力，支撑住广西的反清大局。周竹岐深得黄鼎凤的信赖和倚重，他被黄鼎凤委任为"军师"，负责整顿军务，处理民政。在周竹岐的建议下，黄鼎凤在他的控制区域内颁行了由周竹岐起草的《约法十二章》，命令军民共同遵守，使得这个连年征战不已、兵荒马乱的地区出现了"境内约束严明，几千牛马放牧不收，外户不闭"的祥和景象。1863 年，黄鼎凤又发布了周竹岐起草的《北伐檄文》，宣布将挥师长江，与太平天国遥相呼应。《约法》中所规定的政治经济政策及《檄文》所体现的反清思想，与太平天国颁布的政策法令如出一辙。由此可见，周竹歧确实对这支义军的发展产生重大的影响。

1862 年，清政府调新任广西布政使刘坤一率军镇压黄鼎凤起义军。

刘坤一，晚清军事家，政治家，湘军宿将，也是太平军的死对头。字岘庄，湖南新宁人。廪生出身。刘坤一命令部属冯会和桂平下石龙团绅汤振廷带领 1000 名团练，于 1864 年 2 月由龙山口袭击平天寨，黄鼎凤率军阻击，刘坤一未能攻克。湘军围攻平天寨近一年，未能攻下。9 月，恼羞成怒的他命令冯会带领一部练勇攻击龙山，收买了守卫龙山口的义军头领王星福做内应，要他协助进攻黄鼎凤义军。行至牛角村，遭到义军伏击，冯会当场被击毙。刘坤一改变策略，从外围攻击义军的据点，使之相继陷落，将领黄鹄飞战死。平天寨成为一座孤寨。刘坤一又诱骗黄鼎凤的母亲，上山劝降。黄鼎凤在其母亲苦苦哀求下，率众下山。刘坤一派军伏击，100 多名部属当即被杀，黄鼎凤被押送到县城后杀害。

第二节　石达开融水县留迹

1861 年 9 月，石达开率部离开贵县西出横州，取道昆仑关，一路沿桂黔边界的捷径北上，经思陇驿、上林、忻城、庆远、洛东、罗城至融县，击溃清军阻击。为掩饰阻截石达开部太平军的失败，清军编造了险些活捉石达开、取得大胜的谎言。据《贵港市文史资料》第 21 辑记载，石达开最后离开广西前两次经过融水县，留下历史的足迹。下面就是都安县县志办卢家瑾在上述书里的文献记录：

石达开在融州二三事
——都安县志办卢家瑾

前言：本人于今年（指写文章的那年）八月十八日由都安瑶族自治县前往融水苗族自治县参观学习县志资料整理归档工作经验。尔后由该县分管县志工作的县府顾问路训礼、县志办主任程琦、黄明等介绍了太平天国翼王石达开在融州（今融水）的一些历史情况，以及前往实地参观了石达开在融水县开辟的"营盘"练兵场和一些刻有纪念石达开的碑刻和诗文等。现分别整理如下。

一、翼王不惜三千士，一到龙潭气浩然

据融水县志办主任程琦同志的介绍，清咸丰九年间，太平天国翼王石达开带兵 3000，要求进城会面杨寅春武士（清廷退役武官），杨寅春是当时融州大岩人，往昔素与达开来往密切，但杨

未得报知闻，却被清官兵拒绝。后达开多方设法投信与杨，并扬言不惜3000将士也要进城会见杨寅春。于是，地方官兵在杨寅春的开导下遂允达开进城。达开进城后，得到杨寅春的热情款待，畅叙友情，为了表达他对太平天国革命的声援，当即赠达开一副对联，"太平有益天下，咸丰无道君王"。达开离开融州时，还回赠几支台枪和一门猪仔炮（这几支台枪现尚存于县博物馆内）。

达开离开融州不久，杨寅春当即被人告发，被清廷杀害。

二、游龙潭，寒泉湛碧濯长缨

古鼎龙潭，在距县治西南方约10公里的山安村肯。潭口在山腰，有9条钟乳石下垂，如九龙探水。水深约40米，潭面隐入岩中亦深不可测。"太平天国石达开于咸丰末年，曾带领三万将士（于此）游览一天……"（见《广西市县概况》343页）后人在洞口崖壁上刻诗纪念，诗文云：

龙潭秀色赋钟灵，拔地巍峨逼太清。
潭水波扬锣鼓奏，夕阳斜照薜萝青；
须垂钟乳珠频滴，壁吊龙牙石闪星。
昔日翼王曾驻马，寒泉湛碧濯长缨！

这些诗句充分说明当地少数民族的人民赞誉翼王的浩然壮气。从历史的记述也不难看出太平天国翼王石达开深入瑶山苗寨的革命战略战术，从而得广大少数民族人民的爱戴与拥护。

三、开辟构筑营盘练兵场

翼王石达开来到融州并不是过往打游击式的走马观花，而是在那里开辟了广阔的练兵场。在今距县治约9公里（公路碑25

公里处）西南方的犀牛山麓，有一大营盘练兵场，实地测量为长宽各40米，营盘四周各有内外双层壕沟，内沟约1.5米，外沟约1米，沟迹与场地至今仍保存完整。被列为县级文物保护单位。

据民国《融县志》记载，"（咸丰九年）九月，太平天国翼王石达开率兵十余万先驻清流镇十余日，进驻融城。""（咸丰）十一年太平军翼王石达开率众二十余万复入县境。"（编者注：兵力被夸大了）

从这些资料中即可证实，石达开已是二次率兵入融水县了。

四、太平军棺材埋宝的传说

据融水苗族自治县县志办公室主任程琦同志介绍，相传，在融水乡的寺门（今东良村）一带，当年石达开率兵离开融水时，用棺材装有珠宝埋藏，事后则派校官带回一个小队挖取，遂被民团发觉，双方激战。结果太平军因寡不敌众，该校官被击毙，挖宝地址无从辨认，只是从该被击毙的校官身上得到一张军事地图，而这张图的图样恰恰又与今犀牛岭（营盘处）上石刻的军事图相吻合。故历来为当地群众所传闻。因珠宝尚未挖获，故寻找珠宝的人至今仍心怀不释。

第三节　艰难挣扎出广西

离开贵县后，石达开本想率兵北上，但受到广西清军处处阻击，只好又西趋横州，和他的部将会合，再次全军开赴南宁附近。当时部队的士气低落，新招兵员大多三合会会众，没有经过训练，战斗力不强，要攻下南宁是不可能的。况且，在南宁一带处处遭到团练袭击，无安稳之立足地。加上太平军在广西十分缺粮，离开是唯一的出路。

　　石达开的部队当时有多缺粮？石达开下属赖裕新部的一则告示，其缺粮情况可见一斑，赖裕新所部在融县发的告示说："沿途百姓，箪食跪迎，纳粮进贡，鸡犬无惊……若不进贡，祸灭生门。"要知道石达开的名声一直不错，向来有仁义之名，若不是缺粮厉害，他所率的将领绝不会发布如此强硬要求百姓上贡的告示。正所谓，兵马未动粮草先行，打仗打的不是人，是钱是粮食，谁的军需多、粮草足，谁就能坚持到最后。天京之所以会被攻破，还不是因为没有了粮食，城中之民只能食用野菜等物充饥，饭都吃不饱，哪有心情哪有精力打仗？自金田起义后，广西在 10 多年内爆发了大大小小很多次起义，百姓生活在水深火热中，连年的兵灾，死人无数，荒地无数，粮食减产，百姓尚且不能果腹，哪有余粮给太平军？反观清政府，虽然无能，但是毕竟所辖范围广，广西粮食不足，可以从外省调粮食。石达开强制征粮，百姓无粮，这就是把百姓往地方团练那一方推。团练都是地方士绅有钱人牵头，他们可以搞到粮食，而且还修建坚固的寨子，百姓可以住进寨子里，牲畜粮食都能得到保障。况且，太平军攻下团练的寨子后，他们不分百姓和团练，全部挥刀砍杀，这样的行为自然在百姓中印象就极差了。缺粮以至于失去民心，石达开自然在广西独木难支，最后只能被以团练为主的军事力量打败，最后离开广西往四川而去了。

　　这时，翼王才下决心北上，寻找入川的机会。论者都把石达开入川说成久图之大计，石达开自己也说久有入川之意。但是，即使是在宝庆败后，立即率兵经由贵州入川，其时兵多将广，几名骁将还忠诚地跟随他征战。而当时贵州防务力量很薄弱，四川也没有像样的防兵，入川并非难举之事。经过一年多的消耗战之后，实力丧失殆尽，加上由于曾广依和余忠扶旧部进军贵州，清方误认为是石达开入黔窃蜀，便调骆秉章、刘蓉等部入川防守，石达开这时进军四川自然困难重重。但是，为了生存，石达开看到在广西已经是走进了死胡同，不跳出去，就没有生存的希望。在这种情况下，石达开才决计入川。他自南宁越过昆仑关，取道庆远，朝东北方向直趋，进入罗城、融县，在这里石达开遭到湘军刘坤一部截击，他本人受伤落马，差一点被敌军所擒，幸而被部将救起。之后，石达开率全军经怀远，过青林界进入湖南，开始了入桂以来节节衰败之后的新历程。

1861 年 9 月，石达开部太平军终于突破清军的重重围堵，进入湘桂边境的青林界。石达开兵败离开广西后，终于在 1862 年 2 月进入四川，但此时四川的形势已发生重大的逆转。1860 年 7 月，被称为晚清"八大名臣"之一的骆秉章奉调入川"督办军务"，接着，又任四川总督，掌控了四川军政大权。骆秉章是太平军的死敌。37 岁时改名秉章，字龠门，号儒斋，广东广州府花县华岭村（今广州市花都区炭步镇华岭村）人。晚清的中兴名臣，政治家、军事家、战略家和书法家，湘军的统帅之一。道光十二年（1832）进士，充翰林院庶吉士，授编修，掌撰记。后历任侍讲学士、御史、湖北按察使、湖南巡抚、四川总督、协办大学士等职。骆秉章入湘 10 载，位居封疆，治军平乱，功绩卓著。入川 7 载，剿灭太平军，清廷授以太子太保衔。清廷论功行赏，他被推为大功之臣，当时的人将他和曾国藩并称为"东西相望，天下倚之为重"，足见他的政治影响力。

几度历经波折，石达开部太平军虽然于 1862 年 2 月终于进入四川，但显然天时、地利甚至人和均已失去。老奸巨猾的骆秉章纠集了湘军、川军、地方团练包括一些少数民族首领，到处设防、层层设卡，而一度声势浩大的李兰义军已成强弩之末，力量对比的优势已在清军手中，

孤军深入四川的石达开部太平军败亡的命运已经注定。

第十三章

石达开回师广西的评价

写完石达开回师广西的经过，不免生出五赞五叹的感慨来。

第一节　五　赞

一赞：为不忘初心，至死高举太平天国旗帜

石达开远征回师广西，并没有背离太平天国的革命事业。石达开在出走的布告中说他"失忠贞志"，上可对皇天，下可质古人。（见《太平天国》第二册，第694页）石达开为人讲义气，清方说他以仁义相要挟，也有称他为"小宋公明"的。正是由于讲义气，为人正直，在军中享有很高威望。

他对洪秀全不满，负气出走，但他信守自己的诺言，出走之后直奉太平天国正朔，沿用洪秀全给他的封号，即"真天命太平天国圣神电通军主将"。在大渡河畔给土司王应元的信中说，他来四川是"恭奉天命，亲统雄师，辅佐圣主"，仍然把自己说成是洪秀全的辅臣。

在宗教方面，石达开虽然不大相信"邪教俚说"，但他始终

维护太平天国宗教，出走后 6 年时间，从无变更，在广西最困难的时期，也仍坚持每周举行宗教仪式。

吉庆元、朱衣点等在上天王奏稿中告了石达开一状，说"翼王乃在庆郡度岁，旋将真圣主官制礼文多更改焉"。（见《吴煦档案中的太平天国史料选辑》第 7 页）吉、朱既然反旆，这份奏稿是给洪秀全的见面礼，当然不会说石达开好话。事实上，说石达开改变"官制礼文"，官制是早在江西就改过，如元宰、军略、统制等是在江西就有的，在广西庆郡至今没有发现石达开还改变过什么官制。那么，吉、朱上天王奏稿为什么把江西发生的事，说成在庆郡之后发生的事呢？很明显，吉、朱是在石达开驻庆远之后才决定反旆的，当时石达开处境每况愈下，部众纷纷反旆。吉、朱把更改官制时间轻轻一移，便变成了他们是抵制石达开不忠于天王，才和石达开决裂的。事实上，在江西为什么要更改官制？当时张遂谋等对负气出走后的设想是，先把官制区别于大江南北的太平军，然后逐步更改。但石达开不同意这样大改，所以只在更改一部分官制之后，便一切沿用太平天国旧制，而无进一步变更。吉、朱说石达开在庆郡更改礼文也不是事实，后来石达开在四川发的布告、募兵谕，其正朔、官衔、公文格式都和太平天国原来的无异。说明吉、朱等指控石达开在广西更改官制礼文并非事实。

石达开始终坚持太平天国的基本制度，崇奉太平天国正朔，尊奉洪秀全为最高领袖。石达开率部出走后，已经脱离了太平天国中央的统一战略部署而独立与清军作战，他打不打大平天国的旗号，原也不是主要问题。但太平天国在当时农民起义中成效显著，影响遍及全国，深得群众拥护和向往。仍然遵守太平天国的基本制度，继续打起天国旗号，有利于号召群众，打开局面，石达开及广大太平军将士，对太平天国仍然怀有深厚的革命感情，抱有信仰。对于天王洪秀全，石达开无疑是怀有不可解除的成见，组织上完全不听他的指挥，但仍尊他为"圣主""真主"，宣扬他的威德，最后并愿捐躯以报答"我主"。可见，石达开对洪秀全仍然怀有感情，他能起打天国旗帜，说明石达开率领的这支队伍仍然是一支坚持太平天国革命事业的太平军。

二赞：坚持斗争目标，不向反动统治者屈服

石达开始终坚持革方向。在出走后，他和他的部将在各种文告中多次申明革命主张。1857年，石达开在《出走告示》中宣告，"惟是用奋勉，出师再表真，力酬上帝德，勉报主恩仁……一统太平日，各邀天恩荣。"在西南各地的文告中，表示决心"立心复夏，致意安民"（《翼王石达开告涪州城内四民训谕》），"辅佐圣主，恢复大厦"（《翼王石达开给松林地总领王千户翼谕》）。石达开的部将在他们的文告里，也明白宣扬太平天国的战斗历程，申明本军的革命宗旨。1862年，《瑞天豫傅佐廷等告叙永厅人民诲谕》中宣称："我真圣主天王起义粤西，建都江南。金陵定鼎，创亿万年有道之基；铁甲平胡，吐二百载不平之气。无非欲斯民革夷狄之面目，复中国之规模，而重兴汉室于维新者也。"明确表示太平军"抑强扶弱"、"除暴安良"、"誓灭胡奴，岂肯扰害百姓"，并号召群众"耕者耕而读者读，毋容迁徙而远遁，商者商而贾者贾，尽可乐业以如常"。赖裕新部一个姓汪的军师，1860年在广西融县的告示中，也称太平军"伐暴施仁"，警告顽抗之敌人向太平军"进贡""归顺"。在黔江、叙永一带，太平军"封仓厫""封当铺"，火烧文庙神庙和各种簿据，衙门

"文案卷宗,拉杂摧毁,鲜有孑遗"。(《綦江县志》《续修叙永、永宁厅县合志》)太平军"奔突万余里,蹂躏百数城……恣其出没,使官军震眩失措,莫之能防"(薛福成《书剧寇石达开就德事》),沉重打击了封建势力。由于石达开部长期流动作战,没有建立相对稳定的根据地,其政权建设和政治经济措施如何,缺乏记载。但从现有材料来看,石达开太平军所过之处,冲击了封建统治秩序,严惩了地主豪绅,这都是事实。这表明石达开始终坚持太平天国革命方向,和清朝统治阶级誓不两立。

三赞:爱护民众,深得民心

石达开爱护民众,深得民心。在太平军的文告里,多次申称"所爱民者宁捐身以救民,必不忍伤民而为己",要"致意安民","为民雪愤",严厉声讨反动派的凶残暴行(《翼王石达开告涪州城内四民训谕》),他们约束兵士,秋毫无犯,用"宣讲道理,训练兵士"的传统办法训练太平军(《翼王石达开给天台左宰辅赖裕新训谕》)。因而太平军纪律严明,军民关系比较融洽。太平军还帮助人民生产,"所在与大民杂居,不废耕织"(转引王庆成《石达开》),深得人民的拥护。因而一些赞颂石达开爱民的歌谣,广为流传。广西苗民把石达开看作"救星"歌唱道:"苗家救星是翼王,枯苗得雨喜若狂,从今耕种齐努力,为保太平把兵当。"广西壮族农民山歌唱道:"翼王派官到我家,问声米粮差不差,缺粮给谷并银两,牵来牛夵又有耙,财主老夵乱似麻,穷老心里正开花,大家齐唱太平歌。"(转引《历史研究》1957年第9期《石达开回师广西的斗争及其和大成国的关系》一文)正因为石达开爱护民众,注意军民关系,宣传太平天国革命宗旨,深得民众拥护,因而1862年转战西南,军势才得以复振。

四赞：面对强敌毫不畏惧

石达开回师广西，面对的敌人除清军外，还有遍布各州县的地主团练武装。清军流动作战，团练坐地防守，攻守配合，常使太平军陷于被动。团练的凶悍可恶，远较清军为甚。此种情形，各地志书皆有记载，无需赘述。其余如德胜团、龙头团、永泰团、福庆团、顺安团等，"皆出力剿堵"（见《宜山县志》卷一，卷二）。这些记述，虽然出自地主阶级，难免意存诬蔑与夸大，但地主团练给石达开军造成极大的祸害，却是事实。石达开大将石镇吉以及镇常、达德、黄贵生等，或为土司"设伏擒获"，或被团总"用枪戳毙"，或被练丁"擒斩"。陶金汤在永安被张高友兼并、杀害，所部流散各地，也"屡为团练截杀"。勇猛能战的赖裕新率部转战河池、思恩、南丹各州县时，也"节节为团练控扼，进退靡骋"，前后损失"不下数千名"（见华本松《百色厅志》卷八，光绪十七年本；《平桂纪略》卷三）。地主团练武装的广泛存在，到处作恶，的确成了石达开军的一大祸害，他们虽然公开告示"各处山寨，胆抗天兵，立时剿灭，一鼓荡平"，并对各地团练采用严厉打击的手段（见龙泰任《融县志》第九编，民国二十五年本），但并不能煞住"妖人作怪"的嚣张气焰。作为统治阶级，对太平军言词极尽诋毁。但也证明太平军十分顽强，并不因为反动力量的强大而服输。

五赞：坚韧不拔，视死如归

石达开从寡不敌众的广西出川后，在大渡河被困，仍坚持英勇血战。1863 年 5 月，石达开几万太平军在大渡河多次抢渡不成，陷入困境。太平军"三面阻水"，狭窄的山谷两旁"皆干仞壁立，无可攀跻"（薛福成《庸庵文续编》），退路又被砍倒的

"千年古木"所堵塞，敌人坚壁清野，使太平军"无处掠取粮米，至摘桑叶，掘草根，杀马骡为食"（刘蓉《养商堂文集》），"兼之疟痢流行，死亡枕藉"（《翼王石达开洖江被困死难纪实》《新中华》复刊第 3 卷第 9 期）。在这种弹尽粮绝的艰难情况下，战士枵腹以战，体力极为不支，人员由几万减少到七八千，战斗力极度削弱，但是，石达开和太平军将士"犹思拼死突围，为困兽之斗"（同上），决心"血战出险，毋徒手受缚为天下笑"（薛福成《庸庵文续编》），最后在老鸦漩"复为夷兵所阻，辎重尽失，进退无路"，"其妻妾五人抱幼子携手投河，其他曾授伪职老贼，自溺者亦复不少"（《骆秉章奏稿》卷六），石达开则决心一死，题壁明志"纵死洖江定不降"（《翼王石达开洖江被困死难纪实》《新中华》复刊第 3 卷 9 号）。但是，石达开以爱护部属讲究义气闻名的将领，他以为用他一人的首级可以换来全军的保全，最后决定致书四川总督骆秉章，幻想舍一己生命以保全三军。石达开在这封信里，表明自己的基本态度是"求荣而事二主，忠臣不为；舍命以全三军，义士必作"。他说，"大丈夫生既不能开疆报国，奚爱一生，死若可以安境全军，何惜一死"，只要清廷能保全太平军生命，"则达愿一人而自刭，全三军以投安。然达舍身果得安全吾军，捐躯犹稍可仰对我主，虽斧锧之交加，死亦无伤，任身首之分裂，义亦无辱。"（《翼王石达开致清朝四川总督骆策章书》）很清楚，石达开给骆秉章写信，根本不是为了自己"求荣"活命，而唯一的目的，是为了"全军"而去"舍命"，宁愿牺牲自己的生命，去换取部属的活命，也是一死以赎未能"开疆报国"之愆，以报答"我主"洪秀全于万一。在这里，看不到石达开乞求个人活命的念头，而是牺牲个人生命以保全三军，报答洪秀全的恩典的情操，于此可证。即使在这封信里，石达开仍然声称："三千之师，犹足略地争城，况数万之众，岂能束手待毙乎?"向骆秉章发出最后警告，重申血战到底的决心。但是，敌人却施展狡猾的阴谋，多方诱惑，公开树立"投降免死"的大旗，动摇军心，瓦解斗志。这时，石达开才率领数员部将，携带亲生儿子，堂堂正正，正气凛然地前去清营，幻想商讨"全军"的良策，结果被敌人诱俘落入魔掌。可见，在大渡河畔一个月极其艰苦卓绝的战斗中，石达开没有向敌人表示丝毫懦怯，而是英勇血战，不怕牺牲。

他被俘后怒斥强敌，慷慨就义。1863 年 6 月 13 日，石达开在大渡河畔被诱俘，22 日解往成都，25 日英勇就义。石达开经受了战场的艰苦考验，现在又面临敌人公堂和刑场的最后最严峻的考验。在这个关头，怀有卑怯目的的懦夫是无法逾越的。6 月25 日，成都将军崇实、四川总督骆秉章等会审石达开。他们以诱擒太平天国现存首义两王之一的翼王石达开而骄横自负，他们在督署大堂摆出了一个威严的阵势。当时，成都"司道以次阖城文武官咸在"，全部参加会审，公堂上刀枪林立，警卫森严。他们在堂下摆了"拜垫"，企图迫使石达开等人屈膝下跪，叩头膜拜。但是，出乎这些刽子手的意外，石达开等都身着太平天国黄缎王服，"皆趺跏坐其上"（周询《蜀海丛谈》），侃侃而谈。"清制，将军位在总督之右，骆故让崇先问，崇语音低，不辨作何语，只见石昂头怒目，崇顿气沮语塞"（同上），说不上话来，十分狼狈。这时，骆秉章只好亲自出马，挽回败局。他对石达开说：你"今日就戮，为汝想，亦殊值得。计起事以来，蹂躏数省，我方封疆大吏死于汝手者三人，今以一死完结，抑何所恨"。石笑曰：

"是俗所谓成则为王，败则为寇，今生你杀我，安知来生我不杀汝耶!?"遂就绑。在这里，骆秉章不得不怀着痛苦的回忆和余悸，承认他们的失败，而石达开则因"灭妖"之志未遂而不无遗憾。石达开面临死亡，不慌乱，不畏惧，仍然保持着太平天国翼王应有的威仪。赴刑场时，"石下阶步略缓，两王（曾仕和、黄再忠）仍左右侍立，且曰："仍主帅请前'。石始放步先行"（《蜀海丛谈》）。这就是石达开公堂受审的情形。在这里，石达开没有卑屈下跪，没有低首乞降，而是怒斥强敌，从容赴死。

第二节　五　叹

一叹：军事上失去了天京事变前那种稳扎稳打灵活多变、战略目标很明确的气度

天京事变前，石达开用兵是灵活机动，战略目标十分明确。在进攻金陵时一路为先锋队伍，过关新将，势如破竹。天京建都后，他又连战大捷。仅举几例：

萧朝贵在长沙中炮牺牲后，石达开独自担负起太平军进军金陵的先锋任务，他攻占岳州时，缴获大批武器、船只。随后，石达开率部攻克武昌，为太平天国攻占第一座省城。武昌是个军事重镇，所谓"九省通衢"。北进可入河南，则问鼎中原，京畿震动；西进入川，则学诸葛亮以西蜀为基地；东下直取金陵，则掩有东南财富之区。他率全军主力扬帆东下，直取金陵。沿路越铜关、扫铁卡，势如破竹，先后攻克九江、安庆、芜湖等重镇，于1853年3月19日攻克南京。石达开名声大震，称他为"石敢当"。

1854 年初，太平军在湘潭被塔齐布的清军击败。湘军乘胜进击，太平军节节败退，岳州、武汉先后被湘军占领，太平军的船只损失很大。清军自武汉沿江东下，破田家镇，直逼九江、安庆，给天京造成极大威胁。此前，杨秀清已派石达开到安庆，主持西征军务。石达开闻九江形势紧急，即派罗大纲驻扎在九江、湖口一带，并着手组织湖口、九江战役。他利用敌军将骄兵疲之弱点，在湖口一役中，将湘军水师分割为内湖、外江两段，使其不能互相呼应。继而，石达开又乘湘军水师惊魂未定，在九江乘月黑迷雾之际，再次进击湘军水师，使其战船被毁甚多，"辎重丧失，不复成军"。曾国藩座船被击破，管驾官刘成楗、李子成被杀。曾国藩羞愧欲投水自杀，左右救之，方免一死。

湖口、九江战役之后，太平军转败为胜，石达开派秦日纲、陈玉成率师西进，1855 年 4 月三克武昌。是年冬，石达开自湖北率黄玉崑、张遂谋等部经略江西，旬日之间，石达开攻占江西大部分州县。据王定安《湘军记》所载："江西八府五十余县皆陷。存者南昌、广信、饶州、赣州、南安五郡。"曾国藩被困于南昌省城，"魂梦屡惊"。正在这时，杨秀清在天京组织破江南大营的战役，石达开部奉命分三路自江西入皖，向天京周围靠拢。1856年 5 月，石达开率部到达天京城外，秦日纲、陈玉成、李秀成所部也从镇江赶到，在杨秀清的指挥下大破江南大营。清统帅向荣逃到丹阳后"自缢而死"，张国梁被击伤，江南大营瓦解。

可是回师广西后，他的军事上的用兵风格大大改变，缺乏整体方略，没有明确战略目标。因为回师广西是临时变计，所以入桂之后，没有通盘的攻战计划，缺乏明确的战略进攻目标，也缺少攻坚取胜的胆略与信念。石达开身为全军主帅，稍遇挫折，即

"想要隐居山林之间",与率师远征前多谋善战、亲临前敌,判若两人。石镇吉军素称能战,但入桂后以数万之众攻平乐,围桂林,打百色,皆未奏功。平乐"郡城空虚,人心惶惧",守军仅500人(见(《平乐县志卷八》),桂林守城练勇不及3000,"贼众兵单,不敷分布"。且"勇多疲病、人心惶然"(见《清文宗显皇帝实录》卷二九四;《平桂纪略》卷三;《灌阳县志》卷十二亦云:桂林"兵多老弱,人皆震恐"),而百色"以斗大一城,当悍贼数万,卒能保守勿失"(见羊复礼:《镇安府志》卷二三,光绪十八年本)。这一切,都不说明敌人的强大,而是由于太平军斗志低落,军威不扬,与率军远征前的攻胜战克对比,相去极远。驻军庆远、上林、宾州、武缘以至贵县时,虽云连营百里,但主要目的在防御,而非用于进攻。回师广西两年多,先后攻古城池19座(次),其中1859年9座(次),(它们是富川、兴安、永安、阳朔、义宁、融县、庆远、宾州、上林等府、州、县;1860年7座次,它们是兴安、融县、西隆、泗城、武缘、河池、思恩等府、州、县;1861年3座(次),它们是永宁、灌阳、贵县。)除庆远、武缘、宾州、贵县占有时间较长外,余皆旋进旋出,为时甚短。可见其军势之每况愈下。

二叹:政治上丢掉了统一战线法宝,没有有效地处理好与广西会党的关系

石达开回师广西初期,的确使封建统治者感到神经紧张。一是害怕他兴师"分陷各属","贼股滋蔓","各匪乘间蜂起"。二是害怕从广西"奔黔串蜀",大局更难收拾(见《刘武慎公遗书》卷二,《截剿石逆余匪折》;《清文宗显皇帝实录》卷三二一,咸丰十年申六月丁卯清渝;卷三〇五,同年正月辛未清渝)。

但是，1859 年石达开回师时，广西人民的反清斗争已经走向低潮。朱洪英、胡有禄领导的太平天国早已失败，陈开、李文茂的大成国也迅速走下坡路，柳州陷落，李文茂败死怀远山中，平东王梁培友、定北王梁昌、平西王区润相继牺牲，陈开孤守浔州部分地方。其他如张高友、吴凌云、黄鼎凤等所都各自为战，对敌威胁不大。从各地反清队伍攻占的城池看，1853 年至 1858 年，每年皆在 12 座（次）以上。其中 1857 年是 28 座（次），实乃达到斗争高潮。但到了 1859 年，却仅攻占了 3 座（次）。石达开军回桂，和这些天地会队伍的关系，可说是不冷不热，若即若离。有时互相兼并，如 1859 年张高友在永安劫杀陶金汤，石镇吉在宾州驱逐黄鼎凤等。但两者因此而发生重大的火并却少见。有时又互相联系配合，如李锦贵之归附石镇吉，石达开以礼部大中丞周竹歧为黄鼎凤效力等。但这种事情当时也不多见。至于两军直接并肩作战则更少。陈开败立前夕，虽与贵县近在咫尺，并未求得石达开的直接支援。天地会本来是山堂分立，互不统属，门户之见甚深。而石达开一再尝了天地会吞并和叛服无常的苦果，所以对这些反清队伍的联络支援，也采取了审慎乃至冷淡态度。这就给敌人以各个击破的机会与可能。

三叹：没有处理好内部矛盾。义气害了严管部队，使部队内部困难则内斗离散，情急则屠杀民众，军心动摇，失去群众基础

应该说，传统文化中的义气使石达开不能严管部队，认为手下人都是弟兄，来去自由，因而导致了部队大量离散，损失巨大。

在人民群众与石达开队伍内部，当时也问题丛集，矛盾重重。广西自从 1847 年雷再浩起义以后，人民反抗的怒涛一泻千

里，战火燃遍大部城乡，成千上万的人卷入了这场斗争，连续 20
余年。要造反的早已走了，不敢造反的或"洁身自好"，或远走
他乡；余下的不是充当地主阶级镇压革命的鹰犬，就是被禁锢在
地主团练的营寨之内，能够起来参加或者支援石达开队伍的已经
为数不多了。而石达开回师广西期间，对待百姓，凡"出酒肉盐
米供贸易"者，虽云"解囊给价，罔所靳惜，不啻秋毫无犯"。
但更多的是严刑峻法，恃之以威，不分良莠，误伤无辜。结果把
浩浩荡荡的一群赶到敌人营垒中去，孤立了自己。

由于连年战乱，官府贪索，人民流离失所，田园大量荒芜，
生产日益减退。翟富文《来宾县志》下编（民国二十六年本）记
载："……翼王石达开十余万众过境。时县民俱已蓄发，从太平
天国制度。谍者误认为清兵至，城中老幼惶遽洗薙。既而翼王兵
来，睹薙发者骂为妖，尽俘以去。少忤之，则砖磨新薙头皮，血
涔涔下，乞哀乃已。"又陆生兰《宾州志》卷一三（光绪十二年
本）、黄天锡《永淳县志》卷八（民国十三年本）载："咸丰九
年十一月，达开军入宾州，破古辣圩，屠戮二千余人。"可以断
言，其中不少并非地主团练。类似的记载尚多，并非全属污蔑
之词。

这么困难的社会状况，又给石达开带来粮食供应的困难。据
记载：石达开驻军庆远，因军食不足，曾"使赖裕新攻罗城、天
河村寨"，但"所获粮米，不足以供食"。融县地区，"田地荒芜
十之七八，粮食甚艰"。这是石达开被迫撤离庆远的重要原因之
一。敌人早就看到石达开缺粮的"穷蹙"处境，一面发布告示，
对太平军进行分化，一面严饬地方文武，"厚集团练，坚壁清
野。"（（参看《平桂纪略》卷三；《融县志》第六编；《刘武慎公

遗书》卷二，《收复庆远及柳州防剿情形折》）因为缺粮，加以政治上无所作为，军事上一筹莫展，一些幸存的老兄弟，深感江山打不通，回桂后也沿途脱离队伍，仍旧回家务农做工去了（据钟文典教授说：近年在广西各地调查得知，随石达开回师广西的不少兄弟，经历 10 年征战和天京内讧之后，都趁机回了老家。不少人至今仍有后裔）。而军中多是三江两湖之人，他们离乡背井，"各有思归之念，不能管束，将大队散回"江南。石达开最后所属队伍，据其《自述》，已经"没有多人"了！更严重的是，队伍内部的互相残杀，自败长城。1860 年 4 月，石镇吉攻百色，"因攻城不下，自相猜忌残杀"，"兵练知其内讧、亟乘之"。结果，曾广依走西隆，石镇吉折回庆远，为土司潘凤岗擒杀。同年夏，驻庆远太平军"自相残杀，多向宾州潜遁"。8 月，赖裕新领军自宾州攻南宁，"经旬不下"。26 日，因裕新分军攻武缘伊岭，"其党内乱，头目右二旗、右三旗等乘赖未回时，杀其母、妻、子，上窜宾州"。赖裕新闻讯，被迫退走武缘（见《刘武慎公遗书》卷二，光绪《百色厅志》卷八，《平桂经略》卷三；邹绍锋：《安定司世侯潘凤岗纪功碑》（光绪）二年；曾维儒：《武鸣县志》卷十，民国四年本）。群众的日益疏远，部属的离心离德，也注定了石达开回师广西的失败。

石镇吉的部队在平果县山心圩屠圩事件，曾广依的部队在田林县定安镇（当时是清朝西林县城）屠杀民众事件，也是令人痛心。

四叹：没有正确处理好与少数民族的关系

广西是多民族聚居的地区，少数民族人口众多。石达开从小饱读诗书，满脑子的"忠孝节义"，并深受封建文化的影响，实行了错误的民族政策，将少数民族视为"异族"，称为"蛮夷"，没有平等对待广西各地少数民族。回师广西的石达开部队，如石镇吉、曾广依部，在桂西不分青红皂白，杀了不少壮族群众。如今的平果市山心圩、田林县的定安镇，都有史料证明。

五叹：囿于"忠义"之道，不肯另树大旗。艰难之际产生动摇隐居思想

石达开囿于"忠义"之道，不肯另树旗帜，也是他回师广西失败的一个重要原因。回师广西后，石达开始终奉太平天国的正朔，不肯独树旗帜，未能满足其部属开新朝的强烈愿望，使其部属渐生怨言，产生离意。这一点，我们从白龙洞诗会石达开部属的唱和诗文中可以看出其端倪。石达开部属们的诗文中充满这样的诗句：元宰张遂谋诗中称"尊王崇正道"，地台右宰辅石蔡亲咏的是"意感大王风"，户部大中丞萧寿璜称石达开回师广西之举为"还乡咏大风"，吏部尚书孔之昭诗中说跟随石达开是"从龙国土雄"，礼部尚书陈宝森赞颂石达开"德布王恩荡、户部尚书李岚谷称领""王真世雄"，连后来反旆回江西，向洪秀全上奏说明他们是轻信"翼王亲奉密诏，转回粤西，招纳英俊，广罗贤辅，作我陛下股肱心膂"而跟随石达开远征的精忠大柱国朱衣点在诗中也表示"从龙心已随"。那些原籍三江两湖的将士思乡之情愈演愈烈，终于弃他而去。面临这种分崩离析的局面，石达开对部属却不加以严格的纪律约束，仍然顽固坚持他在安徽发布的五言告示精神，放任其部属出走而不加以惩戒。终于，他的部属离的离，叛的叛，其队伍实力大为削弱，队伍的分崩离析终于使石达开部太平军在广西无法继续生存，被迫匆匆离桂，从此踏上了一条不归路。

　　1860 年以后，由于石达开率部长期流动转战，环境十分艰苦，吉庆元、朱衣点等率数万大军"出江扶主"，离开了石达开，部队叛变投降逃亡之事，也时有出现。这时，石达开对革命前途就逐渐产生了消极悲观情绪，"想要隐居山林"，因为清廷"到处悬赏严拿，无地藏身"（石达开《自述》），只好聚众再起，转战湘鄂，进军西南。石达开这种消极悲观情绪，在 1863 年 6 月大渡河被困时致骆秉章的信中，表露得最为明白。石达开抱怨"命薄时乖"，"事拂人谋"，"矢忠贞以报国，功竟难成，待平定而归林，愿终莫遂"，他叹息"驰驱天下，徒然劳及军民，且叹战斗场中，每致伤连鸡犬"，甚至说他"骑虎难下""遂鹿空劳"，把他的困境归于"天命"，徒唤奈何。昔日为天国"处处平均，人人饱暖"（《天朝田亩制度》）的理想而叱咤风云横刀跃马的革命豪情不见了，对革命前途悲观失望，政治上动摇了。

　　结语：石达开回师广西的失败，无疑是太平天国的一曲悲歌。石达开始终不肯亮出自己的旗帜，缘于他仍然有浓厚的忠君思想，这种愚忠是中国封建文化统治几千年的结果，任何一个未受过近现代资本主义社会历练的农民起义军将领都难在思想上摆脱这种传统文化的束缚。而他忠的君又是具有皇权主义思想的洪秀全，这注定了纵使他与洪秀全联合推翻清王朝，代之而起的仍然会是一个腐败的封建政权。

　　天京事变是太平天国领导集团内部为争夺权力而发生的内讧：杨秀清利用他掌握军政实权的地位，要挟洪秀全封他为万岁，直接向洪秀全至高无上的地位挑战；洪秀全为了保住自己的地位，下令铲除杨秀清；早就对杨秀清的飞扬跋扈心怀不满的韦昌辉利用这个机会，杀害了杨秀清及其部下 2 万多人。这里暴露出的实际上是农民阶级的皇权主义问题。

以洪秀全为首的太平天国领袖们都具有的皇权主义思想。1837 年的异梦和相传洪秀全早期的《龙潜》《剑诗》等几首诗，已经显露出他的天王意识，是促使他走上反清道路的重要思想根源。1845 年后写的"三原道"，充满了救世主意识。1850 年太平天国起义前他写的诗"近世烟氛大不同，知天有意启英雄。明主敲诗曾咏菊，汉皇置酒尚歌风"，以朱元璋、刘邦自喻，表示要效仿他们，表明他的皇权思想已经形成。起义后，他的皇权思想急剧膨胀，起义仅三个月就正式称"天王"（即东乡登基）。定都天京后，则完全按照帝王的规格生活，广建宫殿，妻妾成群，建立了森严的等级制度和封建礼仪。

附 石达开回师广西太平军相关图片与说明

　　咸丰九年五月十日，石达开部下国宗石镇吉部袭克江永县城，消灭城内外地方武装力量，把守龙虎关、驻军永明达4个月之久，在永明募兵马，筹粮饷，修器械，造火药，并以永明为根据地，击败道州田广洞团勇，攻克江华县城。

　　八月，石达开部接纳一批由广西入永明的天地会军后，经龙虎关开往宝庆转入广西。清咸丰三至八年，朱洪英率天地会红巾军先后7次从龙虎关进入永明，攻克县城，与清兵团勇交战，知县所征粮食尽为红巾军所获。

龙虎关，又名镇峡关、桂门关、厉门，位于广西桂林市恭城县龙虎乡，与湖南省江永县交界。属于五岭之一的都庞岭。是湘桂的重要通道之一，历来为兵家必争之地。1931年，恭城县民团副司令吴锦源奉命驻防龙虎关，在距龙虎关东北一公里之狮子岭和塞水岭之岭顶，各建立碉堡一座，在两岭北面脚下峡口处，建立关门一座，并亲笔题名"桂门关"于门端，以此为湘桂两省省界。

清咸丰三年（1853）五月初九，广西"天地会"义军攻占龙虎关，守关清军不堪一击，溃逃四散。"天地会"义军由龙虎关攻入湖南永明（今江永），并攻占兰山、临武、嘉禾、宁远等县，震动清廷。

1859年8月，太平天国翼王石达开率部转战湖南宝庆（今邵阳一带），与清军苦战两月余，久战兵疲，大军无粮，决定回师广西。驻防湘桂两省的清军准备在桂北黄沙河一线围歼石达开部。湖南巡抚骆秉璋派湘军悍将刘长佑率军1万多人在后猛追，驻桂林的清军则派兵迎头拦击，正是前有阻敌，后有追兵。为了摆脱被动局面，石达开部下石镇吉率领一支精锐部队，出其不意攻占龙虎关，然后经恭城北上灌阳、兴安，在全州迎接大军入桂。桂林清军不敢出击，石达开率军安抵庆远（今宜山）。

四夫关，石镇吉被安定土司潘凤岗擒拿的地方，位于都安县菁盛乡红水河岸边。

邕江北岸。

20世纪30年代兴宁路。南宁攻城战。1860年夏，石达开转进广西上林，令赖裕新于8月10日进攻南宁。清道员吴德征负隅坚守。太平军先以马队冲杀，后又开挖地道，均未破城，遂环城筑栅，围攻近月不克，乃撤围而去。

蔡氏书香古宅位于广西南宁市宾阳县古辣镇蔡村，距南宁市约80公

里，据《宾阳县志》载，1859年，即咸丰九年十月二十九日，太平军翼王石达开部石镇吉、黄贵生率军10万余到宾州与本地农民军联合，攻克永淳的古辣及陈、虞、李、蔡等村，巷战中击毙团练三四千人，接着攻破芦墟的围村、州南的王明村及州北的长车团等村。农民军声势浩大，所向披靡，州团练头子陈儒章等外逃，并绕道到省请兵。十年（1860）正月，太平军主力向武鸣进发，沿途农民参加者数千人。十一年（1861）正月初七，太平天国翼王石达开领兵10余万进入宾州，月底出境。二月，由武鸣出南宁遇阻，折回宾州思陇驿打击团练。五月，宾州农民军由宋扶捍、谢亚先率领攻克含通团20多个村，击败了思恩府知府徐引所统率的团练。

　　20世纪70年代的百色城老照片。百色城，1860年2月太平天国将领石镇吉率部久攻不克，不久内部分裂，他转战都安，在匹夫关被安定土司潘凤岗擒杀。

平果山心屯重建历史建筑。

　　石达开率部经江西，入湖南，咸丰九年（1859）八月回到广西，会合石镇吉部围攻桂林。九月二十日湘军入桂，石达开部兵分三路撤走。西路由石达开统领，数万人，十月五日占领庆远府，待机进贵入川。东路 2 万余人，由陶金汤率领，攻永安州。南路数万人，由石镇吉率领，经永福，下象州，入武宣，转宾州，进武缘，上百色，到贵州与石达开会师。咸丰十年农历二月初六途经山心圩，圩上头人邓正率丁抗拒。石部攻入圩内，焚烧房屋，杀死男女老幼 300 余人。幸存者将尸骸合埋于圩侧河边坡地。光绪二十五年（1899）夏，宣化县人中书科中书雷春先偶游山心，为此事件作序立碑，摘录如下："……咸丰十年二月初六，有匪首石达开路过山心，匪徒以数万计。圩人邓君讳正，为保护地方起见，率众与之抗拒，而强弱众寡相拒（去）悬绝，顷刻间被其攻破入闸，纵火焚烧，房宇立化为灰烬，无论男妇老幼，悉以刀刃从事计。本圩、外客之罹其凶者，共三百余口，尸骸暴露山脚水涯，填溢殆遍圩场……"

1860 年（清咸丰十年）春，石达开部宰制曾广依曾率部在田林县的定安镇集体屠杀过几千人。有《申罹害男妇老少众墓》为证："咸丰十年，发匪屠城，男女老少□□□（漶灭字疑为"罹难甚"）众。当时权收减埋，日久牛马践踏，白骨暴露，目睹心伤。同治十一年春，众信签资收买大罈装载，兹更完修。公留余资，长留会底，以备每年祭扫之资。略记数，以招来许。

同治十三年嘉平吉日修泣"。

　　大成国古城，大成国王府遗址，位于现桂平市桂平镇中心校内。清成丰年间，金田起义北上以后，由陈开、陈文茂领导的大成军在此建大

城国。陈开死后，但他手下的3万多将士却散落在桂平一带，群龙无首。令石达开意想不到的是，这些失去首领的将士纷纷慕名投靠到他的麾下，他们要跟随如雷贯耳的太平天国翼王打天下！这突如其来的喜悦让石达开无以言表，他踌躇满志。回想当初太平军出广西时也不过两万人，还不是照样杀到了南京。现在自己不费吹灰之力就拥有几万兵马，真是天上掉下馅饼了。如果重整旗鼓，带领来投的将士继续征战沙场，说不定真能打出一片天地来。石达开因为得到陈开留下的几万将士满血复活了。人活一口气，难得拼一回，石达开决定带兵完成未竟的事业——入川。

1992年的蒙城城关。

清道光十九年（1839）重建的永安洲城西城墙。

清光绪二十五年（1899）苏元春捐资重建的鳌山文笔。张高友与陶金汤在永安（今蒙山县）。咸丰五年，张高友三次攻打永安。七年，攻破永安州城，打伤知州吴朝凤。平乐协副将陈培桂率瑶勇数百人前来镇压，配合其他清军。大肆围剿，开仗48次。次年十二月二十三日，永安州知州章国栋正在州衙公堂审案，张高友率军突然杀到，在城东十二窑将章国栋斩杀，并一鼓作气攻破古朗寨。各堡震惊，张军胁迫各团练头出街立局，捐纳粮米。咸丰九年，张高友因部将陈亚俊、林文章在永安叛变投清，再提兵下永安，遇人即杀，遇寨即毁，无辜百姓亦因此遭殃。是年，回师广西的太平天国翼王石达开的东路军主将陶金汤，率军2万余人，连结张高友军，于10月11日攻下永安州。之后，张高友为掠夺陶部军械物资，率队乘夜偷袭陶金汤部队，杀死主将陶金汤，夺取所有财物，并逼陶部归其统辖。但陶金汤的部下1万余人不愿归降，而奔往他地。沿途遭清军和团练堵击，死伤惨重。

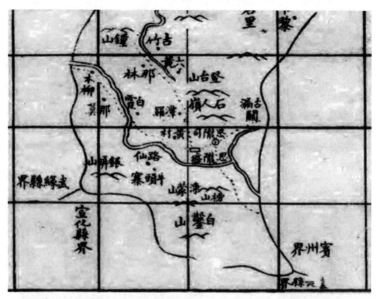

清光绪《广西舆地全图》的思陇司，石达开经过思陇驿。咸丰十年三月，太平军翼王石达开部将赖裕新率众2万，自上林县思陇、宾州、马岭方向，进攻由八、九塘团练据守的昆仑关，以取南宁。攻关失败，赖由思陇入武缘。四月，攻取武缘县城，六月中旬围攻南宁，月余不拔，石部各路太平军亦相继失利。石、赖遂于七月撤兵南宁，退军武缘，从葛圩翻越高峰山脉进入金城司。李青靛迎护。翼王厚礼结交青靛，青靛亦为太平军筹集粮草，共议进攻八、九塘，越昆仑关，出宣化县。八月中秋，太平军联合李青靛，兵分3路进攻八、九塘，遭团练猛烈抵抗。双方激战数昼夜，太平军仍无进展。石达开改变策略，着李青靛携礼物到各大村庄拜会绅耆，说明太平军此来是借路出境，决不入村骚扰，如发生事端，唯青靛是问，任由发落。经过李青靛的斡旋，八月下旬，太平军顺利通过八、九塘，出昆仑关，经上林、集各旗于庆远（宜山），入贵州。

宜山县城旧貌。

宜山县城旧貌。

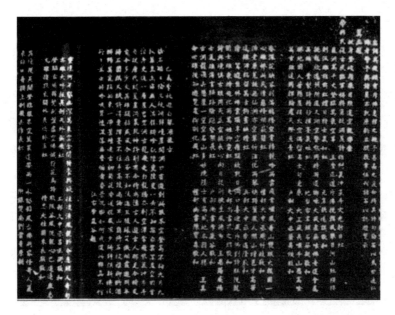

　　"宜山白龙洞翼王石达开诗刻"在宜州市区北门外，巍峨耸立的北山上。1859年石达开率太平军回师广西，驻宜山8个月，曾偕文武大员在白龙洞题诗。曰："挺身登峻岭，举目照遥空。毁佛崇天帝，移民复古风。临军称将勇，玩洞美诗雄。剑气冲星斗，文光射日虹。"

　　文武大员随和之。诗刻在洞左石壁上，宽145厘米，高108厘米。笔迹挺秀，镌工精细。诗句铿锵浑雄，气势磅礴，是珍贵的文物。1929年在北山石达开巡视处建六角形翼王亭。1959年重修。1983年重建和修整将台。

广西和湖南交界处的青龙界。1861 年 9 月，石达开从三江县青龙界出广西入湖南沅州。

1861 年 8 月 21 日（七月十四日），大成国京城浔州被清军攻破，陈开败亡。黄全义、黄鼎凤均投降。石达开失去屏障和依靠，只得跟踉西走贵州以入四川。率领余部及大成国残兵共三五万人，由贵县回转庆远府，走罗城往融县。9 月 18 日（八月十四日），湘军刘坤一在浮石截击石达开，石达开受伤坠马，差点被湘军所擒，乃折往三江县之青龙界。击败湘军防守部队，出广西境而入湖南沅州。

参考文献

李光正著，《没落天国的一曲悲歌：石达开回师广西之役评述》，北京：中国书籍出版社，2012 年 7 月。

郭毅生、史式主编，《太平天国大辞典》，北京：中国社会科学出版社，1995 年 5 月。

苏双碧著，《石达开评传》，河北人民出版社，1986 年 12 月。

《社会科学研究丛刊》编辑部、四川省太平天国史研究会编，《石达开论集》，四川省社会科学院出版社，1983 年 7 月。

郭廷以著，《太平天国史事日志》，商务印书馆出版，中华民国三十五年四月初版，中华民国三十六年七月再版。

史式著，《史式文集·第二卷，石达开与太平天国革命》，桂林：广西师范大学出版社，2018 年 7 月。

饶任坤、陈仁华编，《太平天国在广西调查资料全编》，广西人民出版社，1989 年 6 月。

钟文典著，《太平天国人物》，广西人民出版社出版，1984 年 11 月。

黄剑华著，《石达开》，北京：军事科学出版社，2003 年 1 月。

王熙远著,《桂史拾遗》,长春:长春出版社,2003年5月。

政协广西贵港市委员会文史资料研究委员会编,《贵港市文史资料》第二十一辑,1997年5月。

寒波著,《石达开》,湖南文艺出版社,1995年12月。

万伯喜编著,《悲情英雄石达开》,北京:华艺出版社,2008年6月。

夏龙河著,《石达开:天国悲歌》,北京:中国文史出版社,2019年6月。

潘大林编,《贵港历代文选》,桂林:漓江出版社,2017年12月。

陈霭坚著,《旷代人杰石达开》,出版接力出版社,1994年3月。

魏晓明编著,《石达开小传》,广东旅游出版社,1997年10月。

王庆成著,《石达开》,生活·读书·新知三联书店出版,1980年9月。

顾汶光著,《石达开》,北京:华夏出版社,2016年6月。

中共百色市委员会、百色市人民政府编纂,黄桂宁主编,《百色历史通稿》,北京:中国文史出版社,2015年1月。

岑大利、刘悦斌编辑,《中国农民战争史论辩》,百花洲文艺出版社,2004年12月。

太平天国历史博物馆编,《太平天国文书汇编》,中华书局1979年版。

中国第一历史档案馆编,《清政府镇压太平天国档案史料》,第1、2册,社会科学文献出版社1992年版。

中国第一历史档案馆编,《清政府镇压太平天国档案史料》,第15、16册,社会科学文献出版社1994年版。

中国第一历史档案馆编,《清政府镇压太平天国档案史料》,第

17~20 册，社会科学文献出版社 1995 年版。

中国第一历史档案馆编，《清政府镇压太平天国档案史料》，第 21 册，社会科学文献出版社 1996 年版。

中国第一历史档案馆编，《清政府镇压太平天国档案史料》，第 24 册，社会科学文献出版社 1999 年版。

中国第一历史档案馆编，《清政府镇压太平天国档案史料》，第 25 册，社会科学文献出版社 2001 年版。

中国科学院历史研究所第三所近代史资料编辑组编，《太平天国资料》，科学出版社 1959 年版。

太平天国革命时期广西农民起义资料编辑组，《太平天国革命时期广西农民起义资料》，中华书局 1978 年版。

中国史学会主编，《太平天国》第 3、4、5、7 册，上海人民出版社 2000 年版。

《续修四库全书》413，史部，纪事本末类，古籍出版社 1995 年版。

太平天国历史博物馆编，《太平天国史料丛编简辑》第 1、3 册，中华书局 1961 年版。

太平天国历史博物馆编，《太平天国资料汇编》第 2 册，中华书局 1979 年版。

汪士铎，《胡文忠公抚鄂记》，岳麓书社 1988 年版。

《江浙豫皖太平天国史料选编》，江苏人民出版社 1983 年版。

《清代史料笔记丛刊》，中华书局，1997 年版。

《续修四库全书》，史部，纪事本末类，古籍出版社 1995 年版

《续修四库全书》，集部，集类，古籍出版社 2002 年版。

张月清纂，《平桂纪略》，《中国史学丛书续编》，台湾学生书局

1972 年版

《曾国藩全集》，岳麓书社 1995 年版。

《曾国藩书札》，群学社 1924 年版。

杨书霖编，《左文襄公全集》，文海出版社 1964 年版。

沈云龙主编，《近代中国史料丛刊》，文海出版社 1968 年版。

黎庶昌，《曾国藩年谱》，岳麓書社 1985 年版。

静吾、仲丁，《吴煦档案中的太平天国史料选辑》，三联出版社 1958 年版。

沈云龙主编，《近代中国史料丛刊》，文海出版社 1967 年版。

李炘纂修，《永安州志》（光绪二十四年），海南出版社 2001 年版。

周赞元等纂修，《怀集县志》（民国五年），载《中国方志丛书》，成文出版社 1975 年版。

梁杓修、吴瑜等纂，《思恩县志》（民国二十二年），载《中国方志丛书》，成文出版社 1975 年版。

陈宏谋、范咸纂修，《湖南通志》（光绪十一年），《续修四库全书》，史部，地理类，古籍出版社 1995 年版。

陈如金修，华本松纂，《百色厅志》（光绪十七年），载《中国方志丛书》，成文出版社 1967 年版。

黄旭初监修，张智霖纂，《平乐县志》（民国二十九年），载《中国方志丛书》，成文出版社 1967 年版。

黄旭初监修，刘宗尧纂，《迁江县志》（民国二十四年），载《中国方志丛书》，成文出版社 1967 年版。

黄占梅修，程大璋纂，《桂平县志》（民国九年），载《中国方志丛书》，成文出版社 1968 年版。

黄志勋修，龙泰任纂，《融县志》（民国二十五年），载《中国方志丛书》，成文出版社 1975 年版。

杨盟等修，黄诚沅纂，《上林县志》（民国二十三年），载《中国方志丛书》，成文出版社 1968 年版。

刘显世等修，任可澄等纂，《贵州通志》（民国三十七年），载《地方志·书目文献丛刊》，北京图书馆 2004 年版。

欧卿义修，梁崇鼎等纂，《贵县志》（民国二十三年），载《中国方志丛书》，成文出版社 1967 年版。

魏笃，《浔州府志》（同治十三年），广西博物馆 1958 年版。

钟文典，《太平天国开国史》，广西人民出版社 1992 年版。

中国史学会，《太平天国》，上海人民出版社 1957 年版。

王庆成，《天父天兄圣旨》，辽宁人民出版社 1986 年版

太平天国历史博物馆，《太平天国史料丛编简辑》，中华书局 1962 年版。

太平天国历史博物馆，《吴煦档案选编》，江苏人民出版社 1983 年版。

《左文襄公全集：书牍》，清光绪十六年刊本，1966 年版。

中国第一历史档案馆，《清政府镇压太平天国档案史料》，社会科学文献出版社 1992 年版。

《曾国藩全集：奏稿》，岳麓书社 1995 年版。

北京太平天国历史研究会，《太平天国史论文选》（下），生活·读书·新知三联书店 1981 年版。

北京太平天国史历史研究会，《太平天国史译丛》，中华书局 1983 年版。

四川省太平天国研究会，《石达开论集》，四川省社会科学院出

版社 1983 年版。

太平天国历史博物馆，《太平天国文书汇编》，中华书局 1978 年版。

南京大学历史系，《何桂清等书札》，江苏人民出版社 1981 年版。

苑书义、林言椒，《太平天国人物研究》，巴蜀书社 1987 年版。

罗尔纲，《太平天国史》，中华书局 1991 年版。

《太平天国学刊》第 5 辑，中华书局 1987 年版。

王蒂源，《太平天国翼王石达开年谱》，自印本，1985 年版。

太平天国历史博物馆编，《太平天国文书汇编》，中华书局 1979 年版。

中国史学会主编，《太平天国》第 2 册，上海人民出版社 2000 年版。

中国史学会主编，《太平天国》第 1 册，上海人民出版社 2000 年版。

太平天国历史博物馆编，《太平天国印书》下册，江苏人民出版社 1961 年版。

金毓黻、田余庆等编，《太平天国史料》，文海出版社 1976 年版。

黄志勋、龙太任，《融县县志》，民国二十五年（1936）版。

刘长佑，《刘武慎公遗书》，成文出版社 1968 年版。

覃祖烈，《宜山县志》，民国七年（1918）版。

吴瑜，《思恩县志》，民国二十二年（1933）版。

李楚荣，《宜州市碑刻集》，宜州市文管所内部资料 1968 年版。